城市轨道交通实训系列教材

城市轨道交通
供电及机电设备维护实训指导书

关黎　李丽　◎　编

西南交通大学出版社

·成　都·

图书在版编目（CIP）数据

城市轨道交通供电及机电设备维护实训指导书 / 关黎，李丽编. —成都：西南交通大学出版社，2020.11
城市轨道交通实训系列教材
ISBN 978-7-5643-7755-7

Ⅰ. ①城… Ⅱ. ①关… ②李… Ⅲ. ①城市铁路 – 供电系统 – 机电设备 – 维修 – 职业教育 – 教材 Ⅳ. ①U239.5

中国版本图书馆 CIP 数据核字（2020）第 201600 号

城市轨道交通实训系列教材
Chengshi Guidao Jiaotong Gongdian ji Jidian Shebei Weihu Shixun Zhidao Shu
城市轨道交通供电及机电设备维护实训指导书

关 黎　李 丽 / 编	责任编辑 / 黄淑文 封面设计 / GT 工作室

西南交通大学出版社出版发行
（四川省成都市金牛区二环路北一段 111 号西南交通大学创新大厦 21 楼　610031）
发行部电话：028-87600564　028-87600533
网址：http://www.xnjdcbs.com
印刷：四川森林印务有限责任公司

成品尺寸　185 mm×260 mm
印张　7.25　　字数　169 千
版次　2020 年 11 月第 1 版　　印次　2020 年 11 月第 1 次

书号　ISBN 978-7-5643-7755-7
定价　18.00 元

课件咨询电话：028-81435775
图书如有印装质量问题　本社负责退换
版权所有　盗版必究　举报电话：028-87600562

城市轨道交通实训系列教材
编审委员会

主　任　沈卫平

副主任　饶　咏

委　员　孙景冬　马　驷　徐安雄
　　　　　　丁　超　陈　辉　谢　斌
　　　　　　冉　洪　陈　东　陈光富
　　　　　　张　燕　关　黎　李　丽

FOREWORD

序　言

2019年9月,习近平总书记在考察轨道交通大兴机场线时指出,城市轨道交通是现代大城市交通的发展方向,发展轨道交通是解决大城市病的有效途径。近年来,我国城市轨道交通快速发展,在方便民众出行、缓解交通拥堵、减少空气污染等方面发挥了重要作用。成都作为国家级中心城市和新一线城市,在"轨道交通引领城市发展格局""公园城市示范区""成渝双城记"发展战略的引领下,大力实施轨道交通加速成网计划,成都地铁已迈入大线网运营新时代。

作为城市发展的重要基础设施,城市轨道交通的运营、管理与城市的正常运行、市民日常生活及社会经济的稳定发展息息相关。作为公共运输服务的供给者,城市轨道交通具有高时效性和安全性的显著特点,需要一支与其发展规模和管理要求相适应的运营管理队伍参与高质量运行保障。实践教学是人才培养培训体系的重要组成部分,是将理论转变为实践能力的桥梁,是提升从业人员技能水平的重要手段。因此,训战结合,强化实践教学已成为城市轨道交通人才培养培训的重要理念和共识。

成都轨道交通集团有限公司结合多年规划、建设及运营管理经验,以成都地铁为背景规划建设了满足轨道交通运营管理、通信信号、供电、车辆、机电等多专业教育教学需求的实训中心。中心基于城轨典型车站、线路、车辆段构建的虚实结合仿真平台,可有效开展单一岗位及多岗位联动实训,有效解决了真实场景不能动、不敢动、不好动的实践教学困境,提升了实训教学效果。成都轨道集团下属轨道交通学院基于上述实训平台并结合中国城市轨道交通协会及成都地铁运营有限公司发布的城轨相关专业(岗位)的知识及技能标准,编写完成了站务、行车调度、司机(电客车、司机)、车辆检修、供电等岗位的实训系列教材,基于城市轨道交通重难点及知识要求设计了 80 个典型实训项目，以项目开设为主线，结合项目难度及需要补充阐述的理论知识点，帮助读者在完成实训项目的同时，加深对相关理论的学习和掌握。编者为每个实训项目制定了细化的评分标准，便于指导和考核。本系列教材以成都地铁设施设备为背景，可以帮助读者更全面、深入地了解成都地铁。同时，本系列教材注重理实一体，适合读者学习重点理论知识和典型设施设备，具有一定的通用性。

由于水平、能力有限，本系列教材还有诸多不足之处，恳请各位读者、同行不吝指正，我们将在后续的实践、教学中不断丰富和完善。

成都轨道交通集团有限公司

2020 年 10 月

前言

近年来，随着我国城市轨道交通的快速发展，城市轨道交通运营企业及相关设备厂商对供电及机电相关专业人才的数量及员工素质均提出了更高要求。编者充分结合成都地铁运营有限公司供电及机电设备检修岗位的知识、技能标准及中国城市轨道交通协会发布的职业技能标准，参考职业院校相关专业人才培养方案及课程标准编写了本书。

本书以成都地铁的供电及机电设备为背景，基于"认知—检查—维修"的编写思路，对城市轨道交通供电及机电设备检修进行了全面介绍。全书包含供电及机电设备两部分实训，其中供电部分设计了7个实训项目，机电设备部分设计了4个实训项目，主要涉及设备认知、检查以及维修等方面的实训内容。本书构建了以任务为驱动，学习目标、学习内容与学习任务相结合的学习形式，以细化的评价指标提升考核质量，共设计了11个验收任务。

本书涉及的主要理论课程包括"城市轨道交通供变电技术与维护""城市轨道交通低压配电系统""城市轨道交通通风空调系统""城市轨道交通给排水系统"等。

本书可作为职业院校城市轨道交通供电及机电专业实训教材，也可作为城市轨道交通运输管理及相关专业人员的培训用书，还可作为城轨运营企业供电及机电人员的参考用书。

本书的编写得到了成都地铁运营有限公司及成都轨道交通学院（筹）的支持和帮助，在此表示衷心感谢。

由于编者水平有限，时间仓促，书中错误和疏漏在所难免，敬请读者批评指正。

编 者
2020年5月

CONTENTS

目 录

第一部分 35 kV 牵混所供电设备实训

城市轨道交通供电系统概述 3
实训一 35 kV 开关柜本地控制分、合闸操作 16
实训二 牵引整流器柜工作原理及日常维护 20
实训三 DC1500V 开关柜停/送电操作及馈线柜电流速断
保护参数设置 25
实训四 负极柜手动分、合闸操作 32
实训五 钢轨电位限制装置日常维护 39
实训六 上网隔离开关柜验电接地作业流程 43
实训七 PSCADA 控制柜日常巡视 52

第二部分 机电设备实训

城市轨道交通机电系统概述 59
实训一 400 V 开关柜日常维护、401 断路器失电现象及
故障恢复 61
实训二 EPS 柜应急照明装置日常维护 70
实训三 通风空调设备运行、日常维护及常用电源失
电故障判断 82
实训四 给排水设备运行、日常维护及 PLC 通信故障处理 90

参考文献 106

第一部分
PART ONE

35 kV 牵混所供电设备实训

城市轨道交通供电系统概述

城市轨道交通供电系统是为地铁的列车和各种用电设备提供电能的系统,是保证地铁正常运行的重要组成部分。供电系统的功能就是接受电能、转换电能和分配电能(即受电—变压—配电)。成都地铁目前采用110kV/35kV两级集中式供电模式。

地铁供电系统包含的子系统有:地铁主变电所系统、中压环网交流供电系统、所内动力照明系统、直流供电系统、牵引网系统、电力监控系统(PSCADA)、杂散电流防腐蚀保护系统、防雷和接地系统。

110 kV等级的电压主要应用于地铁的主变电所中,35 kV等级的电压应用于地铁中压环网及各降压所、牵混所、跟随所。

35 kV牵混所供电设备实训以成都地铁已开通运营的地铁1号线为背景,模拟构建了地铁线路中1个牵混所(AC35kV→DC1500V)内包含的主要设备,如35 kV开关柜、整流器柜、进线/馈线柜、DC1500V直流开关柜、上网隔离开关柜、钢轨电位限位装置、负极柜、PSCADA控制柜等。

一、原理结构

图1为某牵混所原理结构示意图。

二、供电系统

根据《地铁设计规范》(GB 50157—2013)的相关定义,城市轨道交通供电系统按系统功能划分为:外部电源、主变电所、动力照明供电系统、直流牵引供电系统、牵引网系统、电力监控(PSCADA)系统、杂散电流腐蚀防护系统、防雷和接地系统等。

(一)外部电源

城市轨道交通的外部电源就是为城轨供电系统的主变电所或电源开闭所供电的外部城市电网电源。对地铁内部的用电设备而言,城市轨道交通供电系统是电源;对城市电网来讲,城市轨道交通供电系统是电能用户。城市电网对地铁的供电方式有3种,即集中式供电、分散式供电、混合式供电。

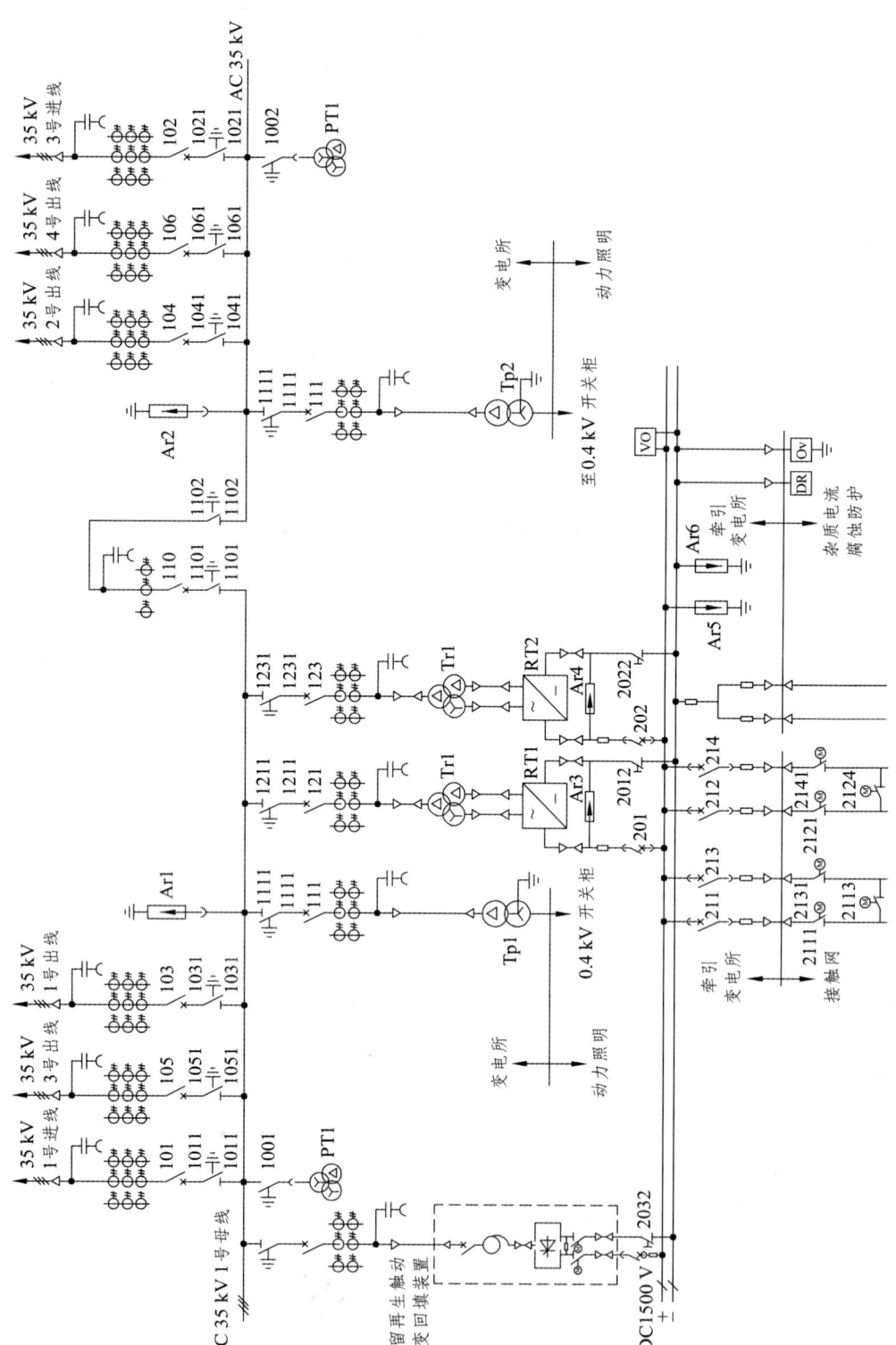

图 1 某牵混所原理结构示意图

(二) 主变电所

变电所的基本任务是接受电能、变换电压和分配电能，即"受电—变压—配电"。主变电所的功能是接受城网高压电源，降压后为牵引变电所、降压变电所提供中压电源；主变电所适用于集中式供电。

主变电所将来自城市电网的交流 110 kV 电压降为交流 35 kV 电压，每座主变电所从城市电网引入两路独立可靠的 110kV/220kV 电源，分别经 2 台主变压器降压后，通过中压供电网络向地铁沿线的牵引变电所和降压变电所供电，如图 2 所示。

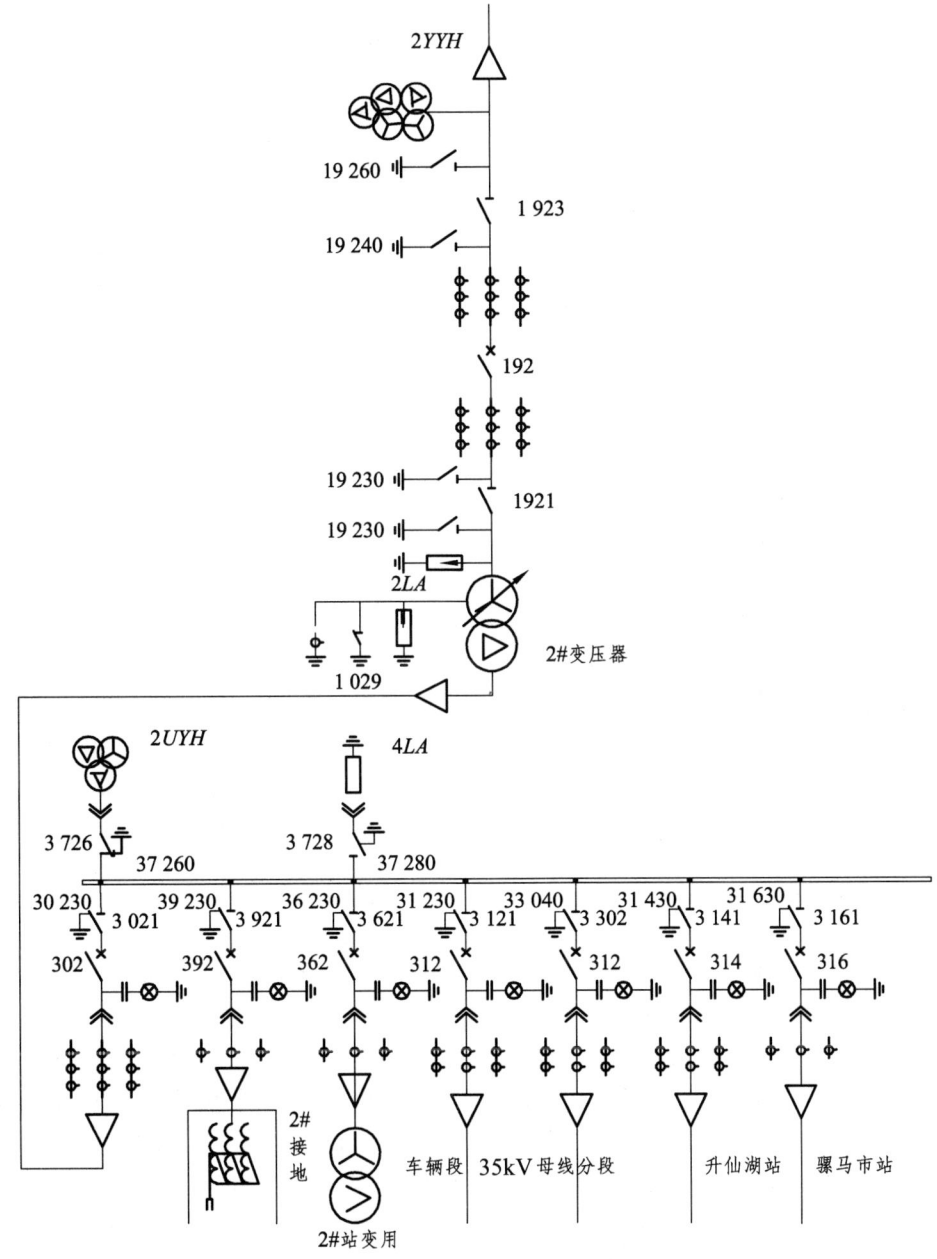

图 2　正常牵引供电模式地铁 110 kV/35 kV 两级供电系统示意图

中压网络是联系主变电所、牵引变电所、降压变电所的供电网络，一般采用电缆线路、环网供电方式。中压环网交流供电系统是整个地铁的能源通道，沿线各牵引变电所及降压变电所均从该环网上获取电能。

中压环网交流供电网络将来自主变电所的交流35 kV电能以分区环网方式（35 kV环网电缆）分配到沿线的牵引变电所及降压变电所，如图3所示。

各变电所通过35 kV开关柜从35 kV环网获取电能，并经过所内的电能变换后送给所内的动力照明设备使用（牵引变电所将35 kV交流电降压并整流后向接触网送电）。

需要特别说明的是，各变电所都是35 kV环网的一个环节，各变电所从35 kV环网取得电能的同时，也向相邻的变电所送电（环网末端站除外）。

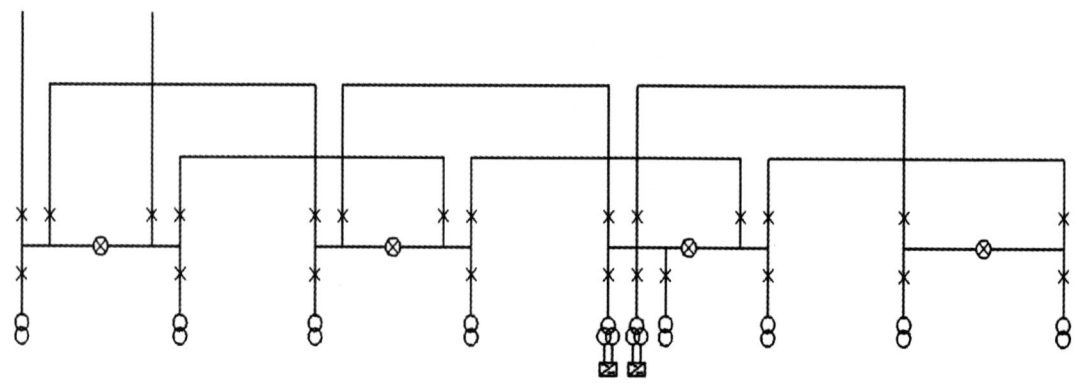

图3　中压环网

（三）动力照明系统

动力照明配电系统的作用是将来自降压变电所的交流380 V/220 V电能提供给车站、区间、场段、控制中心的动力、照明设备。

一般情况下，车站设一个降压变电所，当车站规模较大时，设一个降压变电所和一个跟随式降压变电所，每个变电所设置2台动力变压器（见图4）。35 kV交流电通过2台动力变压器降压为400 V交流电，再通过400 V开关柜（见图5）向动力照明负荷供电。

所内动力照明系统的核心设备是动力变压器（配电变压器）和400 V开关柜。

（四）直流牵引供电系统

直流牵引供电系统设置于牵引变电所内，该系统的任务是将直流电能送至接触网，为列车的运行提供牵引用电。直流牵引系统包含整流变压器、整流器、直流开关柜、上网隔离开关、越区隔离开关、负极柜。

整流变压器将35 kV的交流电变为1180 V的交流电，再经过整流器将1180 V的交流电整流为1500 V的直流电，该直流电通过直流开关柜及上网隔离开关向沿线的接触网供电。其中，整流变压器和整流器统称整流机组。牵引变电所设两台整流机组，接于同一段35 kV母线，构成等效的二十四脉波整流。当一个牵引变电所故障时，可以合上该所的越区隔离开关，让相邻的两个牵引所通过越区隔离开关实行越区供电，从而在一个牵引所退出运行的情况下保证牵引用电的输送。图 6、图 7 所示分别为牵引所正常运行状态及一个牵引所退出运行时的故障状态。

图 4　动力变压器

图 5　400 V 开关柜

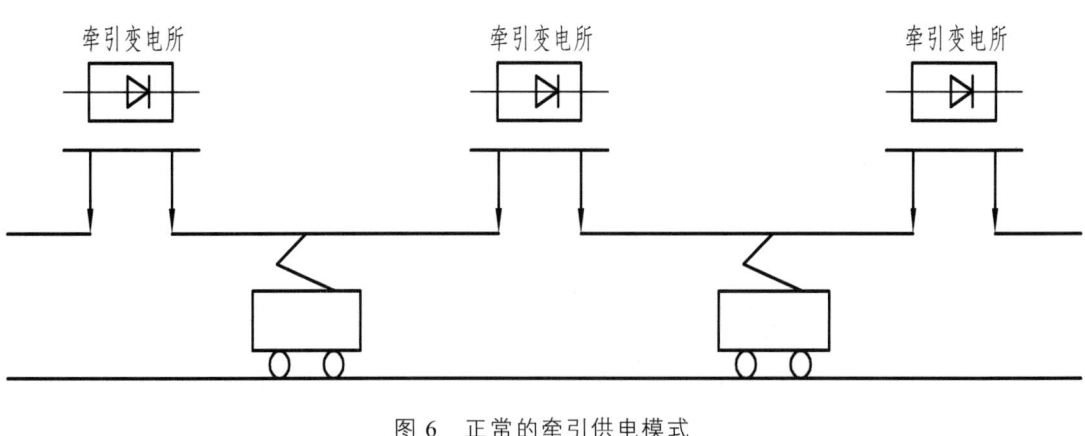

图 6　正常的牵引供电模式

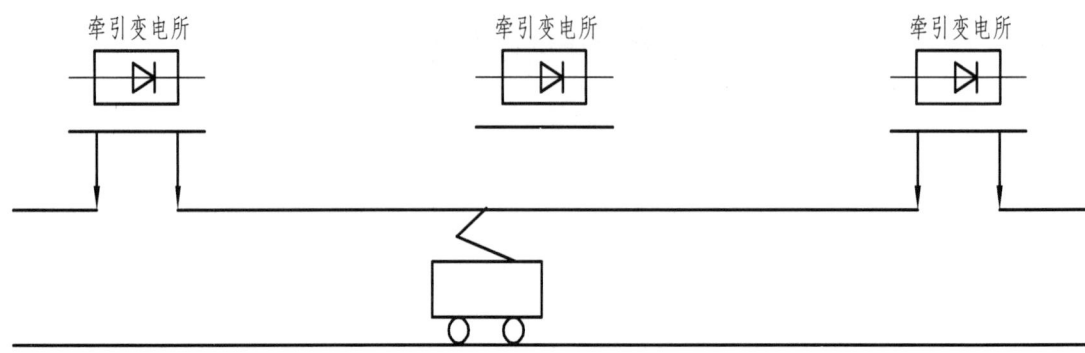

图 7　故障的牵引供电模式

关键的直流牵引设备包括 DC1500V 开关柜（见图 8）、整流器柜（见图 9）、整流变压器（见图 10）。

图 8　DC1500V 开关柜

图 9 整流器柜

图 10 整流变压器

(五) 牵引网系统

牵引网系统由接触网和回流网组成,接触网为正极,回流网为负极,并且分别通过上网电缆和回流电缆与牵引变电所连接。接触网将来自牵引变电所的直流 1500 V 电压通过受电弓提供给列车,作为列车的牵引用电;牵引电流经过列车后通过走行轨及回流电缆回到牵引变电所负极(见图 11)。直流牵引系统示意图如图 12 所示。

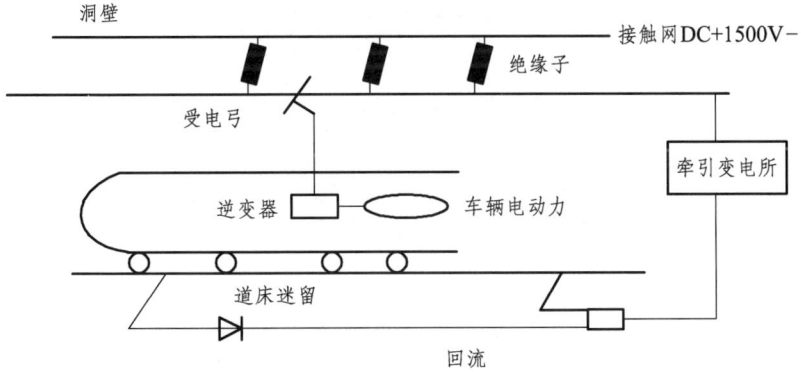

图 11 直流牵引与回流系统示意图

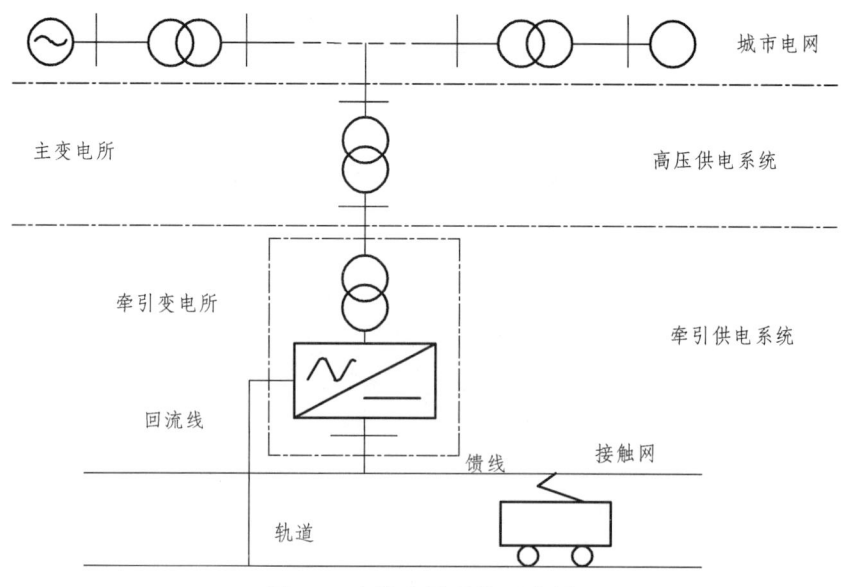

图 12　直流牵引系统示意图

城市轨道交通采用电气化供电模式，列车运行的电能均从接触网上获取，可以说，接触网是列车运行的能源运输通道。在城市轨道交通中，接触网根据安装的位置，可分为第三轨和架空型接触网。架空型接触网通常分为刚性接触网及柔性接触网两类，刚性接触网主要用于地下线，柔性接触网主要用于高架线及地面场段中。目前，成都地铁采用架空型接触网，其优点是安全性较好，列车可随时落弓脱离电源，电压较高，适用于大运量系统供电。

1. 刚性接触网

刚性接触网由接触悬挂、支持装置、定位装置构成，其实物图如图 13 所示。

刚性接触网将传统的接触线夹装于汇流排中，用汇流排取代了承力索，并靠它自身的刚性保持接触线的固定位置，使接触线不因重力而产生较大的弛度。

图 13　刚性接触网

2. 柔性接触网

柔性接触网由接触悬挂、支持装置、定位装置、支柱与基础构成，其实物图如图 14 所示。

柔性接触网由带张力的金属导线组成，在列车运行过程中，受电弓与接触线保持可靠的弓网张力并进行取流。

图 14　柔性接触网

（六）电力监控（PSCADA）系统

电力监控系统也称为 PSCADA（Power Supervisory Control And Data Acquisition）系统，即数据采集与监视控制系统。

电力监控系统是贯穿于整个地铁供电系统的监视控制部分，是控制技术在地铁供电系统中的应用。系统功能包括遥控、遥信、遥测、遥调，并应具备数据传输及处理、报警处理及统计报表、用户画面、自检、维护和扩展、信息查询、安全管理、系统组态、在线检测、时钟同步、培训等功能，能实现对整个供电系统的运营调度和管理。

电力监控系统包括电力调度系统（主站）、变电所综合自动化系统（子站）以及联系站和子站的专用数据传输通道。电力调度系统（主站）设在地铁的运营控制中（Operation Control Center，OCC），对全线变电所及沿线供电设备实行集中监视、控制和测量。电力调度系统（主站）由数据服务器、通信前置机、工程师工作站及模拟盘显示器等组成，完成对所采集数据的分析、计算、存储、设备状态监视以及控制命令的发送等功能。所内的 PSCADA 控制信号屏如图 15 所示。

图 15　所内的 PSCADA 控制信号屏

（七）杂散电流腐蚀防护系统

理想的状况下，直流牵引供电系统牵引电流由牵引变电所的正极出发，经由接触网、电动列车和回流轨（即走行轨）返回牵引变电所的负极。但钢轨与隧道或道床等结构钢之间的绝缘电阻不是无限大，这样势必造成流经牵引轨的牵引电流不能全部经由钢轨流回牵引变电所的负极，有一部分牵引电流会泄漏到隧道或道床等结构钢上，然后经过结构钢和大地流回牵引变电所的负极。这部分泄漏到隧道或道床等结构钢上的电流就是杂散电流。杂散电流腐蚀防护系统的作用是采取相应的防护技术方案，减少因牵引供电引起的杂散电流并防止其对外扩散，进而减少杂散电流对地铁建筑及附近建筑的结构钢筋、金属管线的电腐蚀。

杂散电流防护包括"堵、排、测"三方面的内容。堵：隔离、控制所有可能的杂散电流泄漏途径，减少杂散电流进入地铁系统的主体结构、设备及沿线附近的相关设施；排：杂散电流的收集网系统，此收集网系统为杂散电流从钢轨上泄漏后遇到的第一道电阻较小的回流通路，可将杂散电流尽量限制在本系统内部并流回牵引所负极，防止杂散电流继续向本系统以外泄漏；测：建立杂散电流监测系统，检测杂散电流的大小，为运营维护提供数据方面的依据。杂散电流检测装置及杂散电流传感器实物如图 16、图 17 所示。

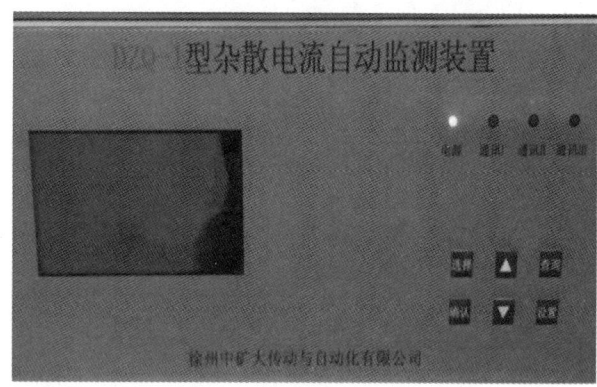

图 16　杂散电流检测装置

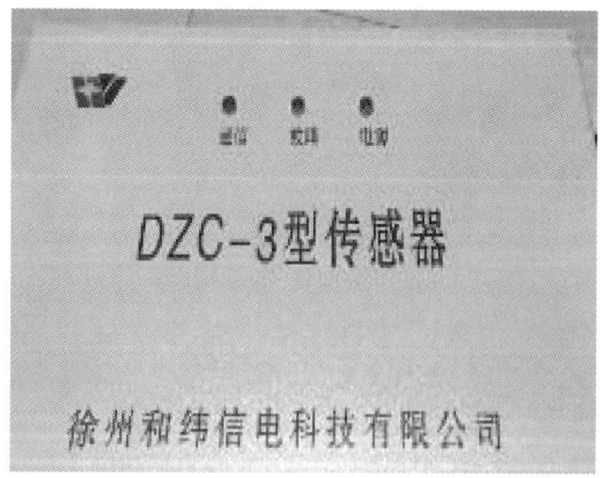

图 17　杂散电流传感器

(八）防雷和接地系统

对地铁沿线容易受到过电压侵入而损坏从而影响供电系统正常运转的重要设备，应考虑设置过电压保护。每座车站设置一个强、弱电共用的综合接地网，该接地网应满足该变电所的工作接地和保护接地要求，满足其他站的设备的工作接地和安全接地要求，同时也应满足防雷接地要求。

接地网通过接地扁钢、架空地线等互相连接构成，从而使全线形成统一的、高低压兼容、强弱电合一的接地系统，为设备和人身提供安全防护。

地下线（站）在建设时，应按城市总体规划要求，考虑地面建筑物、工程地质等因素。浅埋比较经济，乘客进出方便，一般离地面 10~15 m；深埋投资较大，施工也较困难，但对地面正常活动无影响，一般埋深为 30~50 m。地下线路、车站结构采用钢筋混凝土浇筑而成，施工中钢筋相互之间采用焊接或绑扎等工艺形成良好的电气连接，金属网格密集，成为电磁屏蔽效果非常好的"法拉第笼"结构，对外界空间的雷电电磁脉冲有非常理想的抵制效果，站内人员及设备处于防雷区内，被雷电直接击中的可能性几乎为零。

地面线（站）根据线路所经过地区的地理、地貌、建筑情况的不同，雷击的风险情况也不尽相同。例如在北京，地面线和地面站通常位于市区繁华地带以外或郊区，为解决与地面交通的交叉与相互影响问题，多是以高架线和高架车站的形式出现。这种情况无疑使线路和车站处于所经过地区相对较高的空间位置，同时由于轨道交通全线应用电力驱动、牵引的方式提供车辆动力，多种因素综合起来增加了线路、车辆及车站遭受雷电的概率，更有可能受到直击雷的袭击。

主变电所通常采用地面全户内式，为防大气雷电对设备的直接袭击，其直击雷保护一般采用建筑物二级防雷保护方式。为防止雷电浸入波及操作过电压对电气绝缘的危害，在主变压器 110 kV 中性点、110 kV 进线、110 kV 母线及 35 kV 母线上均设有氧化锌避雷器，并在 110 kV 中性点设置了间隙保护。

轨道交通的安全运行依赖于各个系统的正常运转，特别是机电与通信系统是其中的关键与核心，只有确保系统设备在任何时间都不受外界干扰，才能保证系统的可靠。防雷、过电压保护是保证系统设备安全运行的必要措施之一，特别是对于轻轨、地铁地面线和高架线的设备，更要重点考虑防雷及过电压保护。

电磁脉冲防护措施的实现要充分考虑系统的特点以及安全运行的需求，结合电磁脉冲干扰原理、电磁兼容理论和有关标准规范，进行有针对性的、合理的设计，为轨道交通的安全运行保驾护航。

三、高压供电实训室设备上电操作

设备上电电源柜如图 18 所示。

图 18　设备上电电源柜

（一）实训人员要求

（1）实训人员的身体状况、精神状态良好。

（2）实训人员必须具备必要的供电系统相关基础知识。

（3）实训人员必须具备使用供电专业常用工器具的相关基础知识。

（二）安全要求

（1）实训人员按照实训室要求穿戴安全帽、工作服、护趾鞋等劳动保护用品。

（2）实训前必须开启实训室照明设备，保障实训时有足够照明。

（3）实训时不允许穿凉鞋、拖鞋、裙子、短裤，长发按要求束起。

（4）实训人员必须待在安全区，未经现场实训指导教师同意不得进入设备区触摸或操作任何设备。

（5）实训期间，必须 2 人以上组成实训小组后方能进行操作。

（三）实训步骤

打开站用交流屏、直流充电屏柜柜门，分别投入柜内 1#、2# 交流进线开关至"ON"位，等待实训室内其他设备上电成功后即可。如图 19 所示。

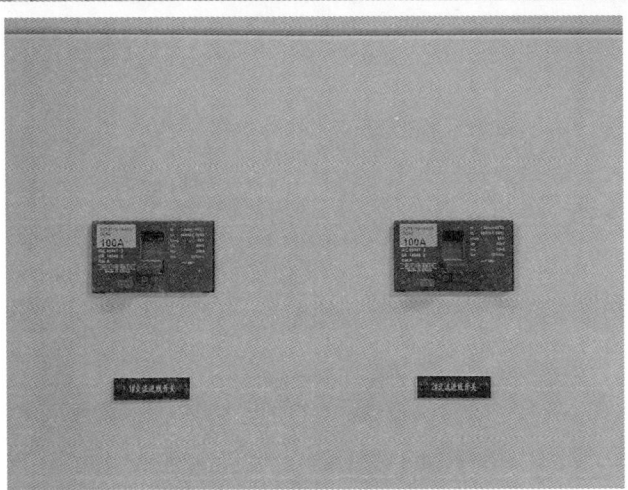

图 19　电源开关

实训一　35 kV 开关柜本地控制分、合闸操作

一、实训目的

（1）熟悉 35 kV 开关柜工作原理。
（2）熟悉操作管理权限划分，掌握设备本地控制分合闸操作。

二、实训原理

35 kV 开关柜把主母线、断路器、隔离开关封闭在充有 SF_6 气体的不锈钢气室内，并安装了综合保护器，具有高可靠性及安全性。它不仅可以切断或闭合高压电路中的空载电流和负荷电流，而且当系统发生故障时，通过继电器保护装置的作用，可以切断过负荷电流和短路电流，它具有相当完善的灭弧机构和足够的断流能力。

（一）设备示意图

35 kV 开关柜设备如图 1-1-1 所示。

图 1-1-1　35 kV 开关柜设备

（二）工作原理

35 kV 开关柜分为进出线柜、母联柜、馈线柜。正常运行时，母联柜处于分闸位置，以备自投装置功能投入。35 kV 开关柜的基本操作分为远方和就地，操作程序必须依据倒闸操作原则进行，均必须有电力调度的倒闸操作命令编号和批准时间方能执行。

三、实训设备

35 kV 开关柜（进线柜、母联柜）。

四、实训准备

（一）实训人员要求

（1）实训人员的身体状况、精神状态良好。
（2）实训人员必须具备必要的供电系统相关基础知识。
（3）实训人员必须具备使用供电专业常用工器具的相关基础知识。

（二）安全要求

（1）实训人员按照实训室要求穿戴安全帽、工作服、绝缘手套、护趾鞋等劳动保护用品。
（2）实训前必须开启实训室照明设备，保障实训时有足够照明。
（3）实训时不允许穿凉鞋、拖鞋、裙子、短裤，长发要求束发。
（4）实训人员必须待在安全区，未经现场实训指导教师同意不得进入设备区触摸或操作任何设备。
（5）实训期间，必须2人以上组成实训小组后方能进行操作。

（三）工器具

棉纱手套、万用表、纸、笔、手电筒。

（四）实训时长及人数

（1）实训时长：2个课时。
（2）实训容纳人数：10人/次。

五、实训内容

（一）设备上电及功能操作

确认设备已上电，上电操作详见本书"城市轨道交通供电系统概述"部分。

（二）本地控制分合闸操作

1. 开关柜分合闸操作管理权限划分

地铁线路开关柜操作管理权限划分为四个等级，按以下优先级顺序实施（远动→就地）：OCC（COCC）→所内→设备本体（电气控制开关）→设备本体（机械部分）。

2. 操作设备本体（电气控制开关）分合闸

将"远方/就地"转换开关打至"就地"位。

旋转"断路器分/合开关"（开关默认回弹至零位），指示灯"红色"代表合闸成功，如图 1-1-2 所示；反之，"绿色"代表分闸成功，如图 1-1-3 所示。

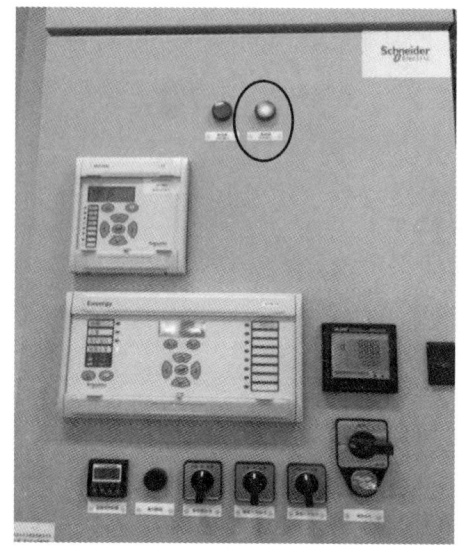
图 1-1-2　指示灯"红色"

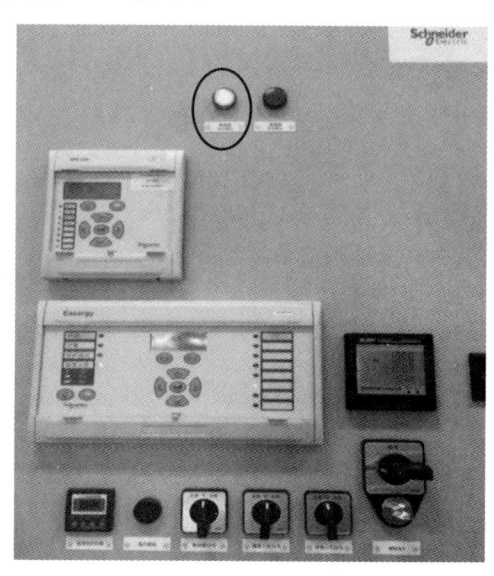
图 1-1-3　指示灯"绿色"

3. 操作设备本体（机械部分）分合闸

将"远方/就地"转换开关打至"就地"位。按压"分闸""合闸"按钮实现分、合闸，如图 1-1-4 所示。

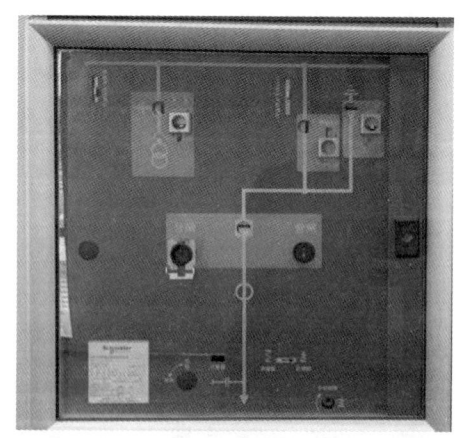
图 1-1-4　本体（机械部分）分、合闸示意

六、实训验收

表 1-1-1 35 kV 开关柜（进线柜、母联柜）实训记录

实训人员：2 人/组

班级：_____ 姓名：_____ 学号：_____ 日期：_____

班级：_____ 姓名：_____ 学号：_____ 日期：_____

	项目及配分	考核内容及评分标准	扣分因素及扣分	得分
1	设备上电（10 分）	上电成功		
2		检查指示灯状态（确认后填写，10 分）"红色"代表_____		
		检查指示灯状态（确认后填写，10 分）"绿色"代表_____		
3	作业程序（80 分）	1. 将变电所 35 kV 母联开关柜备自投开关功能"自投投入/退出"转换开关打到"自投退出"位置。每漏一项扣 5 分。 2. 口头简述按钮开关作用、分合闸原理及权限划分：地铁线路开关柜操作管理权限划分为四个等级，按以下优先级顺序实施（远动→就地）：OCC（COCC）→所内→设备本体（电气控制开关）→设备本体（机械部分）。每漏一项扣 5 分。 3. 将"就地/远方"控制方式转换开关打到"就地"位置，确认光耦状态。每漏一项扣 5 分。		
4	设备断电（10 分）	断电成功、设备复位		
5		合计（满分 100 分）		

思考题

1. 哪种情况下 35 kV 开关柜可通过本地控制操作分、合闸？
2. 35 kV 开关柜操作管理权限划分的 4 个等级分别是什么？

实训二 牵引整流器柜工作原理及日常维护

一、实训目的

（1）熟悉牵引整流器柜日常维护作业内容及标准。
（2）通过原理图了解设备工作原理。

二、实训原理

整流机组是地铁牵引变电所最重要的设备，其作用是将环网电缆AC35kV（或AC33kV、AC10kV）电压降为AC1180V，再整流输出DC1500V，经网上电动隔离开关给接触网供电，实现直流牵引。整流机组由整流变压器和整流器组成。

为了提高功率因数、降低牵引变压器网侧线电压波形畸变，以减少对电网的干扰，以及降低输出直流电压的纹波系数，城轨交通供电系统中的牵引整流机组采用等效24脉波整流电路。

在正弦波 $0 \sim 2\pi$ 之间，如果是24相整流，就有24个脉波，每个脉波长度为 $\pi/12$。为了获得等效24相脉波的整流电压，就必须使两台整流变压器的二次侧输出之间移相15°。

本套整流设备正是两台整流变压器分别与12相整流器组成独立的12相整流系统。每一台整流变压器高压绕组都采用双绕组结构，并且采用三角形移相方法，使两台变压器分别移相±7.5°，其中一台整流变压器移相+7.5°，绕组联结为Dy7-d2，如图1-2-1所示；另一台则移相-7.5°，绕组联结为Dy5-d0，如图1-2-2所示。由此，两台整流变压器一次侧并联接在同一电网中，二次侧电压相同，相位相差15°。每台变压器二次侧分别连接两组三相全波桥式整流电路，如图1-2-3所示，输出等效直流12相脉波电压。两组等效12相整流输出并联，构成24相整流输出电压。

如果只考虑其中一个整流机组整流后输出的直流电压波形，可得到其直流波形如图1-2-4所示，其输出直流波形在一个周期中脉动12次，每个波动的间隔为30°电角度。当两个整流机组并联运行后，输出的直流波形如图1-2-5所示，即在一个周期内有24脉波。图1-2-5的波形可由图1-2-4的波形自相叠加并平移15°后得到。

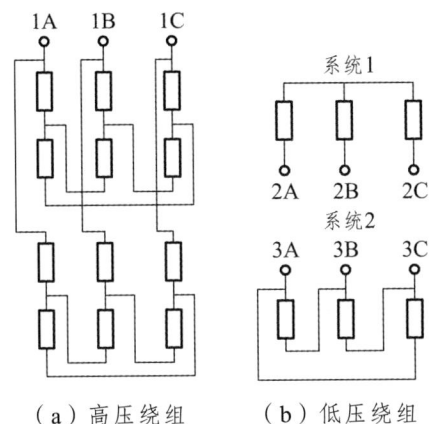

图 1-2-1 整流变压器绕组 Dy7-d2 联结图

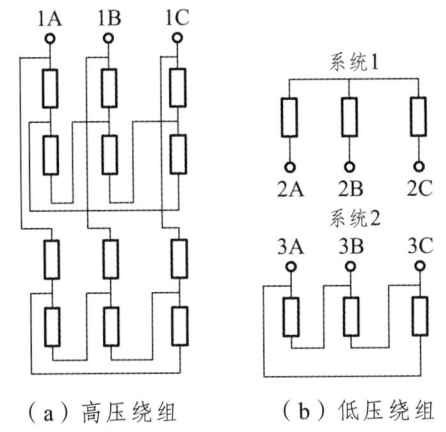

图 1-2-2 整流变压器绕组 Dy5-d0 联结图

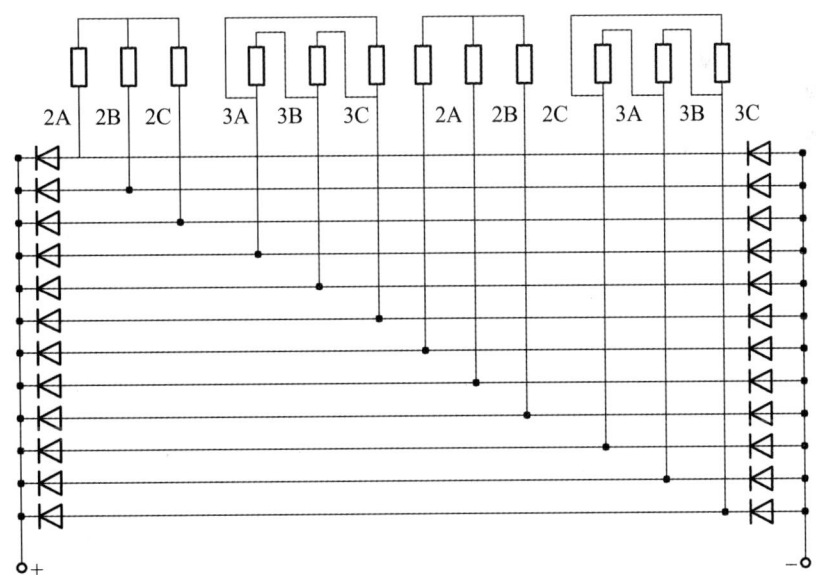

图 1-2-3 等效 24 相整流一次接线示意图

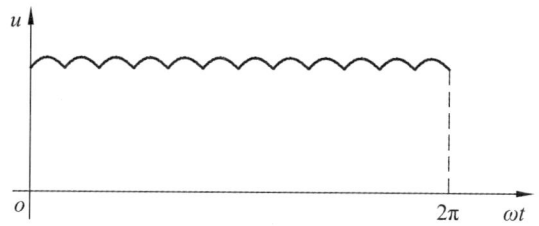

图 1-2-4　单台变压器整流后输出的波形（一个周期）

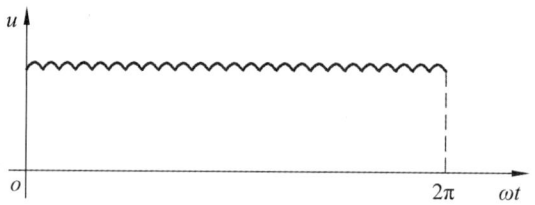

图 1-2-5　两台变压器整流并联输出的波形（一个周期）

三、实训设备

牵引整流器柜。

四、实训准备

（一）实训人员要求

（1）实训人员的身体状况、精神状态良好。
（2）实训人员必须具备必要的供电系统相关基础知识。
（3）实训人员必须具备使用供电专业常用工器具的相关基础知识。

（二）安全要求

（1）实训人员按照实训室要求穿戴安全帽、工作服、护趾鞋等劳保用品。
（2）实训前必须开启实训室照明设备，保障实训时有足够照明。
（3）实训时不允许穿凉鞋、拖鞋、裙子、短裤，长发要求束发。
（4）实训人员必须待在安全区，未经现场实训指导教师同意不得进入设备区触摸或操作任何设备。
（5）实训期间，必须 2 人以上组成实训小组后方能进行操作。

（三）工器具

万用表、兆欧表、毛巾、棉纱手套、记号笔、纸、笔、手电筒。

（四）实训时长及人数

（1）实训时长：2个课时。
（2）实训容纳人数：10人/次。

五、实训内容

（一）设备上电及功能操作

确认设备已上电，上电操作详见本书"城市轨道交通供电系统概述"部分。

（二）日常维护作业内容及标准

日常维护作业在设备断电的情况下进行，主要包括：
（1）使用毛巾对整流器柜外部柜体进行清扫，做到无积尘、无污渍。
（2）检查柜内压敏电阻、二极管、熔断器等元器件安装牢固，二次连接线无松动现象。用毛巾对柜内二极管、散热片、熔断器等元件进行清扫，做到无积尘、无污渍。用万用表检查各二极管的正反向电阻值应无异常，开门行程开关动作应可靠、无卡滞。
（3）检查主回路各连接件螺栓划线标识有无位移，若有位移，用扭矩扳手对主回路连接件螺栓进行紧固并重新画线标识；对母排连接、电缆进出线连接进行检查，应无松动且连接紧固。用兆欧表（1000 V）测量主回路绝缘电阻，应大于1.5 MΩ（测量时甩开保护模块进线、柜内测量表计线）。
（4）检查支持绝缘子有无破损、变色，应无污垢、放电痕迹且安装牢固。
（5）散热器安装、连接紧固且散热正常，整流机组应无过温现象。

六、实训验收

表1-2-1　牵引整流器柜实训记录

实训人员：2人/组

班级：_____　姓名：_____　学号：_____　日期：_____
班级：_____　姓名：_____　学号：_____　日期：_____

项目及配分		考核内容及评分标准	扣分因素及扣分	得分
1	清洁 （5分）	使用毛巾对整流器柜外部柜体进行清扫，做到无积尘、无污渍。每漏一项扣5分		
2	检查 （95分）	检查柜内压敏电阻、二极管、熔断器等元器件安装牢固，二次连接线无松动现象。每漏一项扣5分		
3		用毛巾对柜内二极管、散热片、熔断器等元件进行清扫，做到无积尘、无污渍。每漏一项扣5分		

续表

项目及配分		考核内容及评分标准	扣分因素及扣分	得分
4	检查 （95分）	用万用表检查各二极管的正反向电阻值应无异常，开门行程开关动作应可靠、无卡滞现象。每漏一项扣5分，共20分		
5		检查主回路各连接件螺栓划线标识有无位移，若有位移，用扭矩扳手对主回路连接件螺栓进行紧固并重新划线标识；对母排连接、电缆进出线连接进行检查，应无松动且连接紧固。每漏一项扣5分，共30分		
6	检查 （95分）	用兆欧表（1000 V）测量主回路绝缘电阻，应大于 1.5 MΩ（测量时甩开保护模块进线、柜内测量表计线）。每漏一项扣5分，共20分		
7		检查支持绝缘子有无破损、变色，应无污垢和放电痕迹，且安装应牢固。每漏一项扣5分，共10分		
8		散热器安装、连接紧固且散热正常，整流机组应无过温现象。每漏一项扣5分		
9		合计（满分100分）		

思考题

1. 整流器柜设置了哪几种保护？
2. 简述牵引整流机组的工作原理。

实训三 DC 1500 V 开关柜停/送电操作及馈线柜电流速断保护参数设置

一、实训目的

（1）熟悉 DC 1500 V 开关柜停/送电操作。
（2）掌握馈线柜电流速断保护参数设置方法。

二、实训原理

在地铁供电系统中，直流系统（见图 1-3-1）通过接触网为电力机车提供电力牵引，它主要包括直流开关柜（见图 1-3-2）、负极柜、轨电位限制装置等设备，设置有直流进线保护、直流馈线保护和框架泄漏保护，是地铁供电系统的重要组成部分。

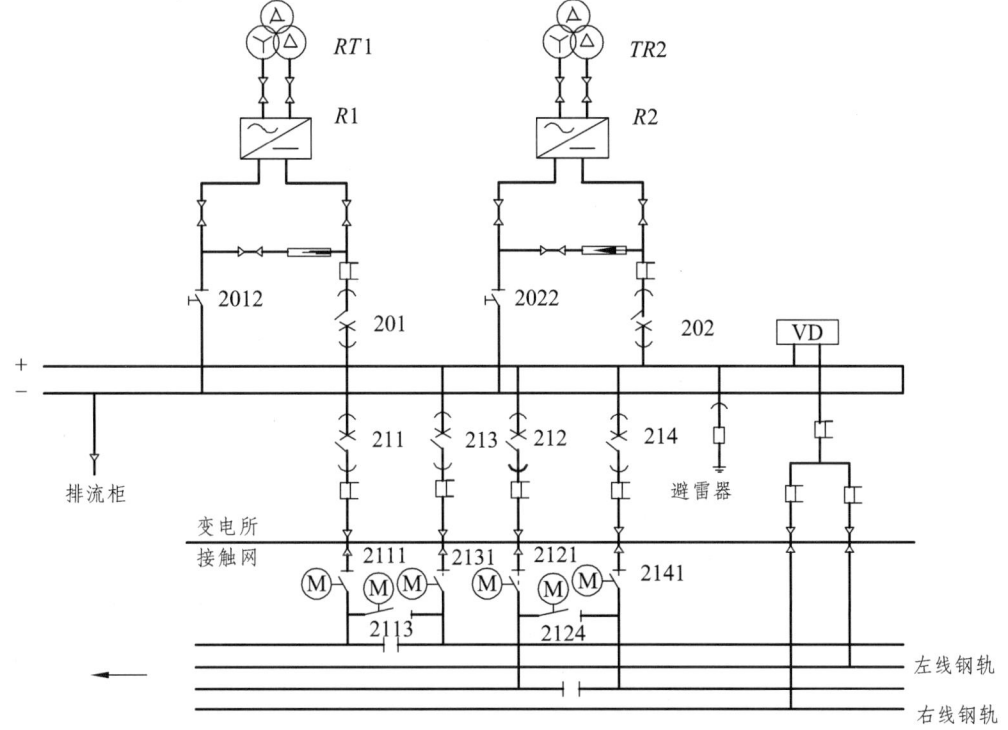

图 1-3-1 直流系统示意图

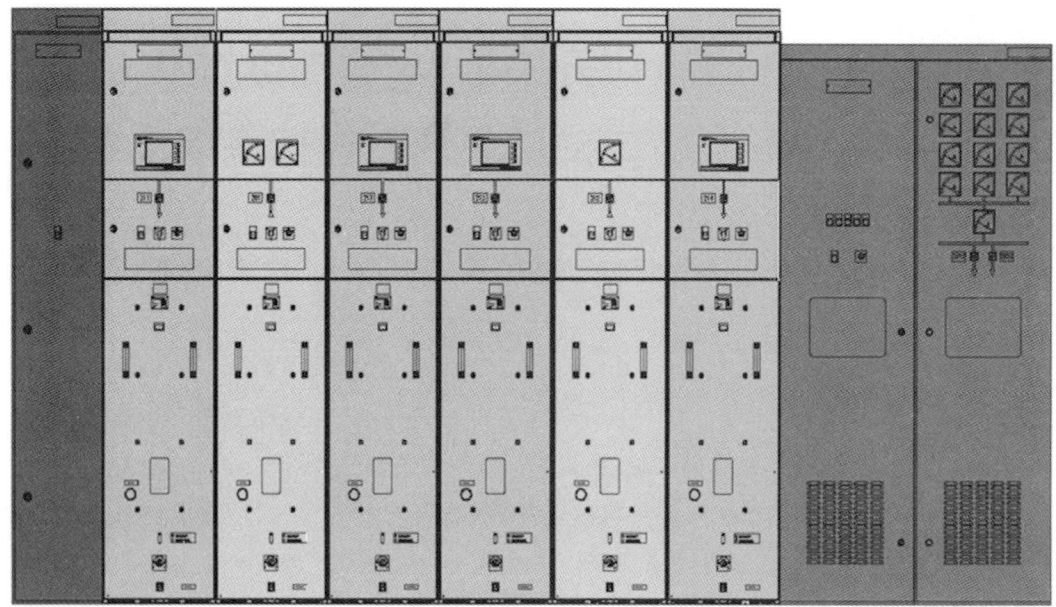

图 1-3-2 直流开关柜示意图

三、实训设备

DC 1500 V 开关柜。

四、实训准备

（一）实训人员要求

（1）实训人员的身体状况、精神状态良好。
（2）实训人员必须具备必要的供电系统相关基础知识。
（3）实训人员必须具备使用供电专业常用工器具的相关基础知识。

（二）安全要求

（1）实训人员按照实训室要求穿戴安全帽、工作服、护趾鞋等劳保用品。
（2）实训前必须开启实训室照明设备，保障实训时有足够照明。
（3）实训时不允许穿凉鞋、拖鞋、裙子、短裤，长发按要求束发。
（4）实训人员必须待在安全区，未经现场实训指导教师同意不得进入设备区触摸或操作任何设备。
（5）实训期间，必须 2 人以上组成实训小组后方能进行操作。

（三）工器具

棉纱手套、绝缘手套、绝缘靴、纸、笔、手电筒。

（四）实训时长及人数

（1）实训时长：2个课时。
（2）实训容纳人数：10人/次。

五、实训内容

（一）设备上电及功能操作

确认设备已上电，上电操作详见本书"城市轨道交通供电系统概述"部分。

1. DC1500V进线开关柜倒闸关系

DC1500V开关柜操作盘面如图1-3-3所示。

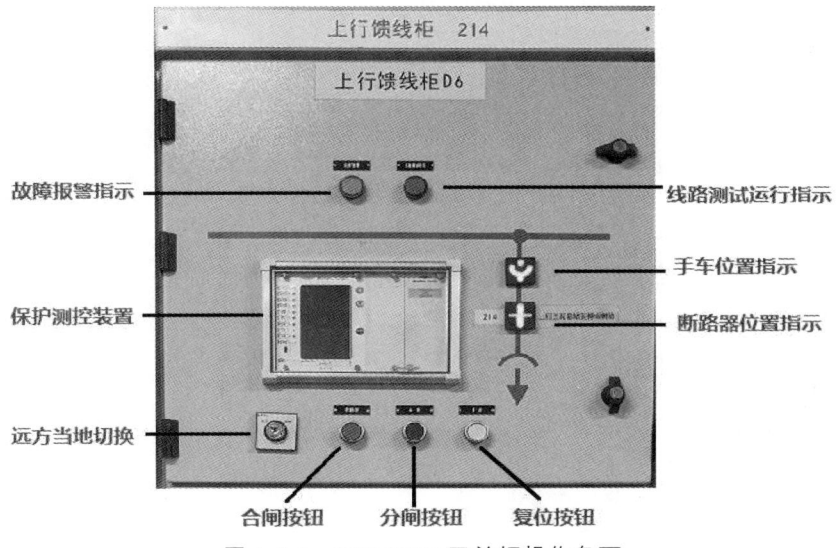

图1-3-3　DC1500V开关柜操作盘面

DC1500V开关柜201、202合闸时，相对应的35 kV开关柜必须处于合闸位置。闭锁DC1500V开关201、202合闸允许（确认具备送电条件，此处只针对停/送断路器操作）。

2. 正常停电

（1）把"远方/就地"开关切换至"就地"。
（2）按下"分闸"按钮，并确认分位。

3. 正常送电

（1）把"远方/就地"开关切换至"就地"。

（2）按下"合闸"按钮，并确认合位。

4. 应急操作

当远方与就地均不能操作且确认线路及断路器均无故障时，可采用以下方式进行分、合闸。

（1）合闸程序：将保护装置柜门打开，按下 MCB 合闸按钮，确认断路器合位。

（2）分闸程序：直接按下直流断路器紧急分闸按钮，并确认断路器分位。

（二）手车基本操作

手车解锁及固定操作盘面如图 1-3-4 所示。

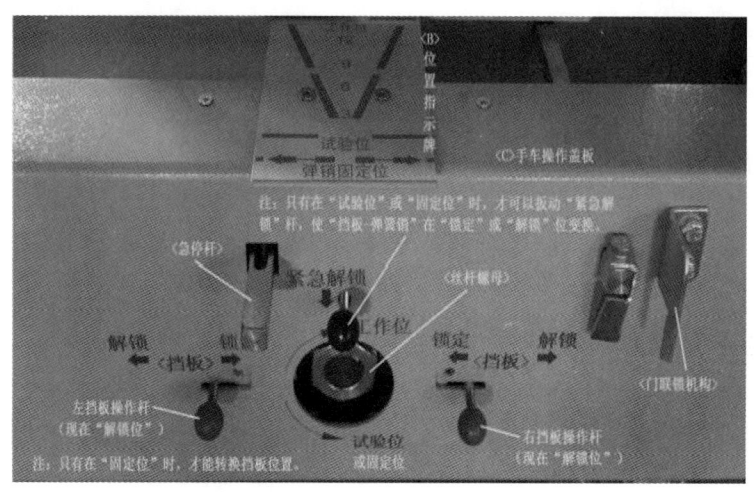

图 1-3-4　手车解锁及固定操作盘面

手车位置切换操作盘面如图 1-3-5 所示。

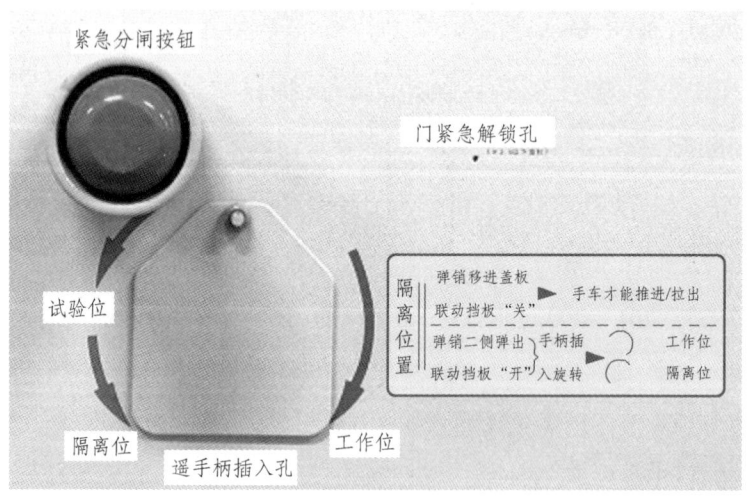

图 1-3-5　手车位置切换操作盘面

1. 手车推入至工作位

（1）手车移动到"固定位"（隔离位）。

（2）左、右挡板操作杆都在"锁定位"。

（3）手车推到手车室内定位点，向下扳动"挡板操作杆"至"解锁位"后关上手车室柜门。

（4）摇手柄插入前门孔内，套在丝杆螺母上。

（5）顺时针方向转动摇手柄，手车至"试验位"，再连续顺时针转动，手车可到达"工作位"（最终位置）。

（6）拔出摇手柄，完成操作。

2. 手车退出至隔离位

（1）摇手柄插入前门孔内，套在丝杆螺母上。

（2）逆时针方向转动摇手柄，手车平稳移出，先至"试验位"，继续逆时针移动，直至固定位（隔离位）。

（3）手车到"固定位"后，请务必拉出摇手柄。手车在固定位时，手车室门才能解锁，门才可以打开。

（4）如果要从手车室内拉出手车，注意检查手车位置在固定位时把门打开，左右操作杆扳向上方，挡板位于"锁定位"同时弹簧销轴退回手车内才能拉出手车室。

（三）馈线柜电流速断保护参数设置

电流速断保护的保护范围小于被保护线路的全长，一般设定为被保护线路的全长的85%，即 $I_S=2.25I_n$；若 $I_n=4000$ A（额定电流），则 $I_S=9000$ A。

电流速断保护的设置方式参见图1-3-6所示界面。

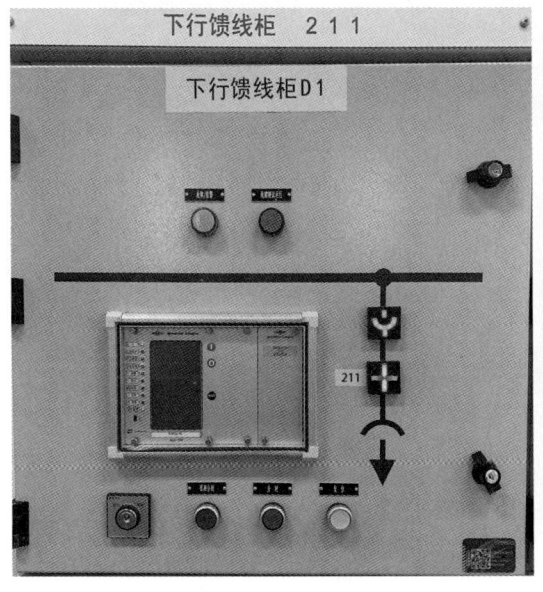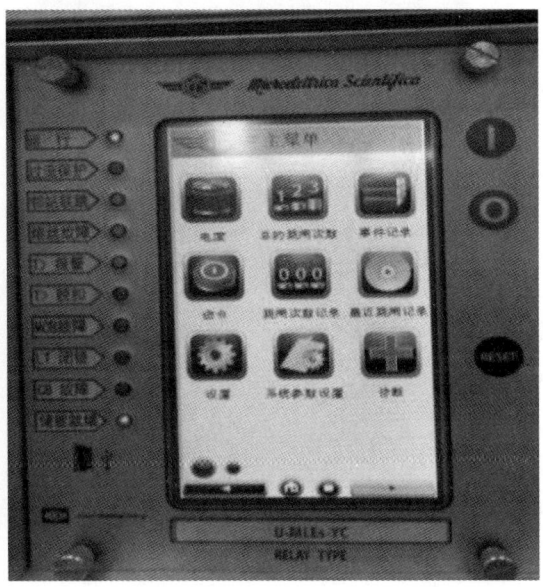

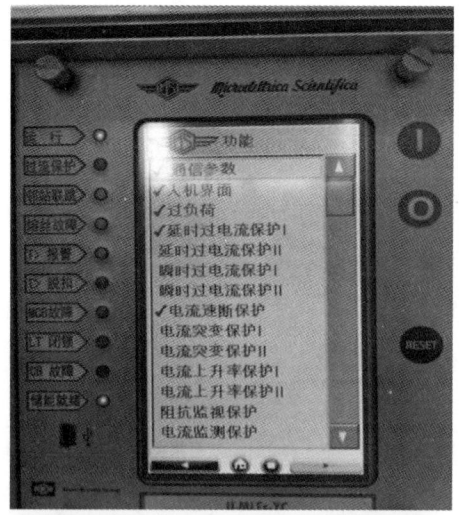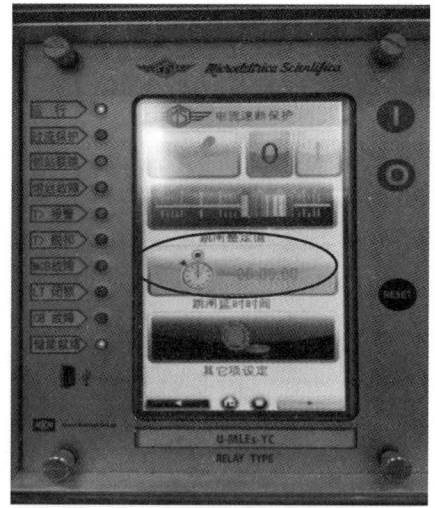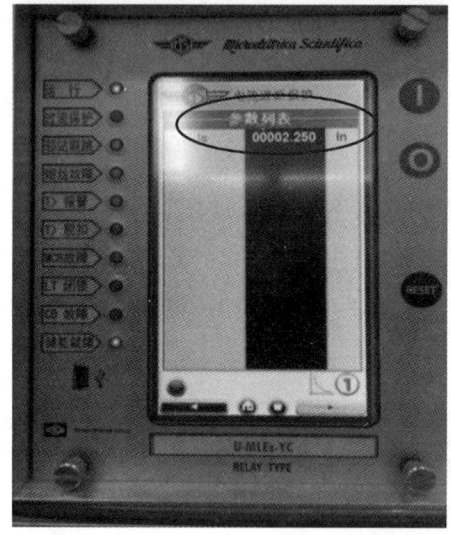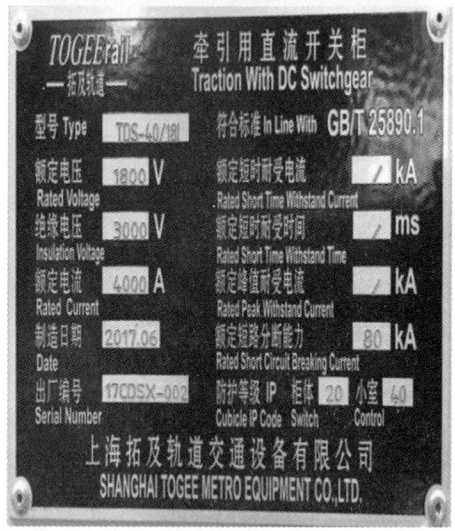

图 1-3-6　馈线柜电流速断保护参数设置图

六、实训验收

表 1-3-1　DC 1500 V 开关柜停送电操作及馈线柜电流速断保护参数设置实训记录表

实训人员：2 人/组

班级：_____　姓名：_____　学号：_____　日期：_____

班级：_____　姓名：_____　学号：_____　日期：_____

项目及配分		考核内容及评分标准	扣分因素及扣分	得分
1	手车推入至工作位操作（30分）	步骤一：手车移动到"固定位"（隔离位）。每漏一项扣 5 分		
2		步骤二：左、右挡板操作杆都在"锁定位"。每漏一项扣 5 分		

续表

项目及配分		考核内容及评分标准	扣分因素及扣分	得分
3	手车推入至工作位操作（30分）	步骤三：手车推到手车室内定位点，向下扳动"挡板操作杆"至"解锁位"后关上手车室柜门。每漏一项扣5分		
4		步骤四：摇手柄插入前门孔内，套在丝杆螺母上。每漏一项扣5分		
5		步骤五：顺时针方向转动摇手柄，手车至"试验位"，再连续顺时针转动摇手柄，手车可到达"工作位"（最终位置）。每漏一项扣5分		
6		步骤六：拔出摇手柄，完成操作。每漏一项扣5分		
7	手车退出至隔离位操作（20分）	步骤一：摇手柄插入前门孔内，套在丝杆螺母上。每漏一项扣5分		
8		步骤二：逆时针方向转动摇手柄，手车平稳移出，先至"试验位"，继续逆时针转动摇手柄，直至手车移动到固定位（隔离位）。每漏一项扣5分		
9		步骤三：手车到"固定位"后，请务必拉出摇手柄，手车在固定位时，手车室门才能解锁，门才可以打开。每漏一项扣5分		
10		步骤四：如果要从手车室内拉出手车，注意检查手车位置在固定位时把门打开，左右操作杆扳向上方，挡板位于"锁定位"同时弹簧销轴退回手车内才能拉出手车室。每漏一项扣5分		
11	馈线柜电流速断保护参数设置（50分）	$I_S=2.25I_n$		
12		合计（满分100分）		

思考题

1. 什么是直流进线柜的大电流脱扣保护？
2. 简述电流速断保护的定义。

实训四　负极柜手动分、合闸操作

一、实训目的

（1）了解负极柜框架保护的概念。
（2）掌握负极柜手动分、合闸操作。

二、实训原理

负极柜如图 1-4-1 所示，它是连接于整流器与回流钢轨之间的开关设备，柜内装设手动隔离开关，柜体上部有一个低压元件室，装设有一套 PLC 用于框架保护、信息采集等。

图 1-4-1　负极柜

负极柜采用高强度型材组装而成，采用模块化设计。柜体分高压室与低压室两部分，相互间完全隔离，可有效抑制电磁干扰。开关柜前部和后部设可锁住的金属门，同时采用前后双面维护。前上部有一个低压元件室，内装微型断路器、继电器等辅助元件，仪表门上安装有指示灯、按钮以及转换开关等操作、显示元件。电缆室位于柜体后部，留有足够的电缆空间，在柜体下部配有带电缆穿孔的防腐蚀的镀锌底盖板。

直流开关带电设备对直流柜柜体发生泄漏或绝缘损坏闪络时，原有的直流保护起不到应有的作用。为保护直流设备的安全，及时切除直流设备内的各种短路故障，直流系统设置了直流框架保护，一旦直流开关带电设备绝缘损坏或对直流柜柜体发生泄漏，框架保护将动作，使有关直流开关跳闸断电，有效切断故障，从而保护人身及设备安全。

三、实训设备

负极柜。

四、实训准备

（一）实训人员要求

（1）实训人员的身体状况、精神状态良好。
（2）实训人员必须具备必要的供电系统相关基础知识。
（3）实训人员必须具备使用供电专业常用工器具的相关基础知识。

（二）安全要求

（1）实训人员按照实训室要求穿戴安全帽、工作服、护趾鞋等劳动保护用品。
（2）实训前必须开启实训室照明设备，保障实训时有足够照明。
（3）实训时不允许穿凉鞋、拖鞋、裙子、短裤，长发按要求束发。
（4）实训人员必须待在安全区，未经现场实训指导教师同意不得进入设备区触摸或操作任何设备。
（5）实训期间，必须2人以上组成实训小组后方能进行操作。

（三）工器具

棉纱手套、绝缘手套、绝缘靴、纸、笔、手电筒。

（四）实训时长及人数

（1）实训时长：2个课时。
（2）实训容纳人数：10人/次。

五、实训内容

（一）框架保护参数设置

首先选择"用户菜单"，再选择"参数设置"，分别对"框架电压""框架电流跳闸""框架电流报警"进行设置。之后返回上一级选择"参数时间设置"，分别对"第一段框架电压时间监测""框架电流跳闸/报警延时""第二段框架电压时间监测""框架输出邻站时间""直流框架联跳邻站判断延时"进行设置。具体如图 1-4-2 所示。

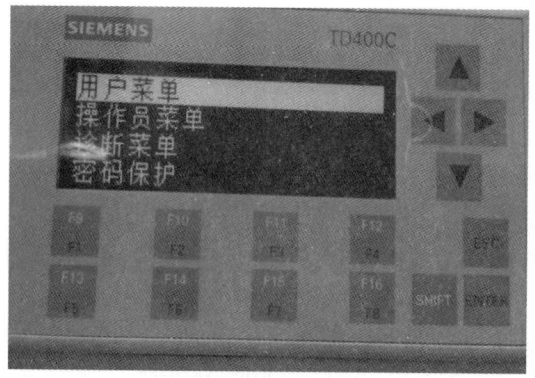

(a)

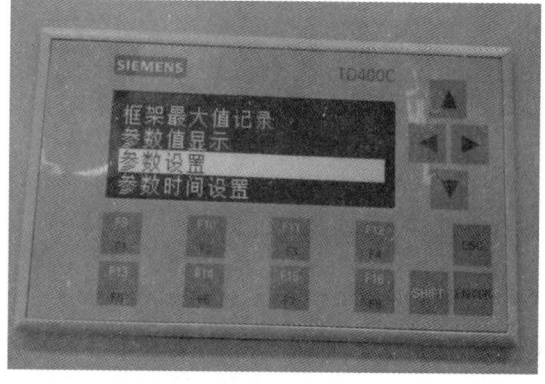

(b)

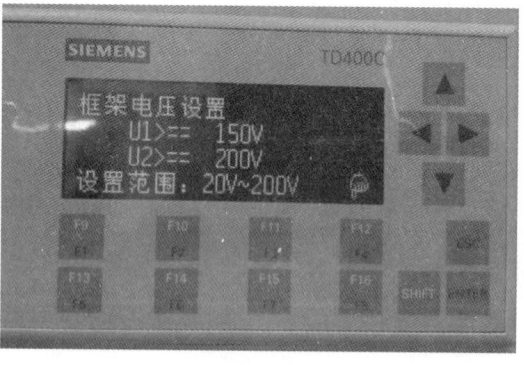

(c)

(d)

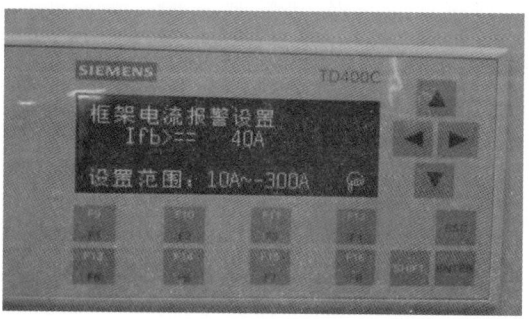

(e)

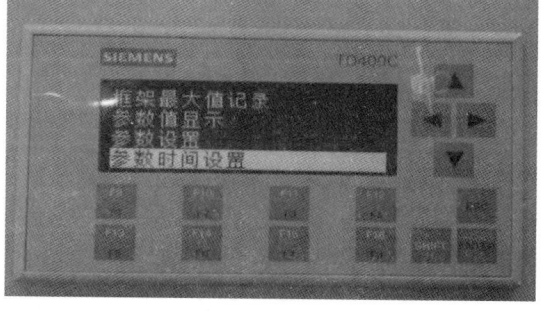

(f)

实训四 负极柜手动分、合闸操作

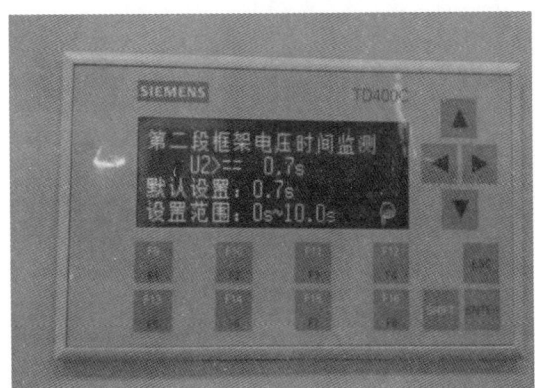

（g）　　　　　　　　　　　　（h）

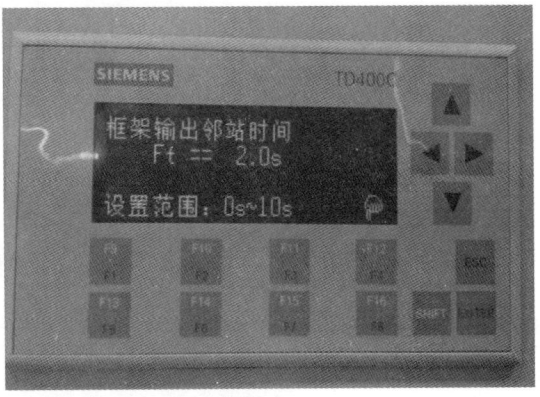

（i）　　　　　　　　　　　　（j）

（k）

图 1-4-2　框架保护参数设置

（二）手动分闸操作

用绝缘操作杆使之分闸，如图 1-4-3 所示。

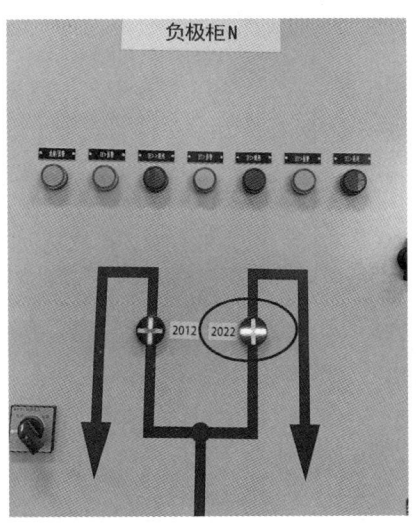

（绿灯：分闸成功）

图 1-4-3　手动分闸操作

六、实训验收

表 1-4-1　负极柜参数设置实训记录表

实训人员：2 人/组

班级：_____　姓名：_____　学号：_____　日期：_____

班级：_____　姓名：_____　学号：_____　日期：_____

	项目及配分	考核内容及评分标准	扣分因素及扣分	得分
1	框架保护参数设置（90分）	设置并确认 $U_1 \geqslant 150$ V。每漏一项扣 10 分		
2		设置并确认 $U_2 \geqslant 200$ V。每漏一项扣 10 分		
3		设置并确认 $I_f \geqslant 80$ A。每漏一项扣 10 分		
4		设置并确认 $I_{fb} \geqslant 40$ A。每漏一项扣 10 分		
5		设置并确认第一段框架电压时间监测 $t_{U1} \geqslant 1.5$ s。每漏一项扣 10 分		
6		设置并确认第二段框架电压时间监测 $t_{U2} \geqslant 0.7$ s。每漏一项扣 10 分		
7		设置并确认框架输出邻站时间 $Ft=2.0$ s。每漏一项扣 10 分		
8		设置并确认直流框架联跳邻站判断延时 $T=0.1$ s。每漏一项扣 10 分		
9		设置并确认框架电流跳闸延时数值。每漏一项扣 10 分		
10	手动分、合闸操作（10分）	手动分、合闸操作。每漏一项扣 10 分		
11		合计（满分 100 分）		

思考题

1. 什么是直流框架保护？
2. 什么情况下进行本地手动操作分、合闸？

实训五　钢轨电位限制装置日常维护

一、实训目的

（1）熟悉钢轨电位限制装置工作原理。
（2）了解钢轨电位限制装置日常维护作业内容及标准。

二、实训原理

在直流牵引系统中，由于操作电流和短路电流的存在，可能会引起回流回路和大地间产生超过安全许可的接触电压。在此情况下，就需要在回流回路与大地间装设一套钢轨电位限制装置，以限制运行轨电位，避免超出安全许可的接触电压产生（此安全电压的规定参照欧洲 EN 标准）。钢轨电位限制装置的柜体结构如图 1-5-1 所示。

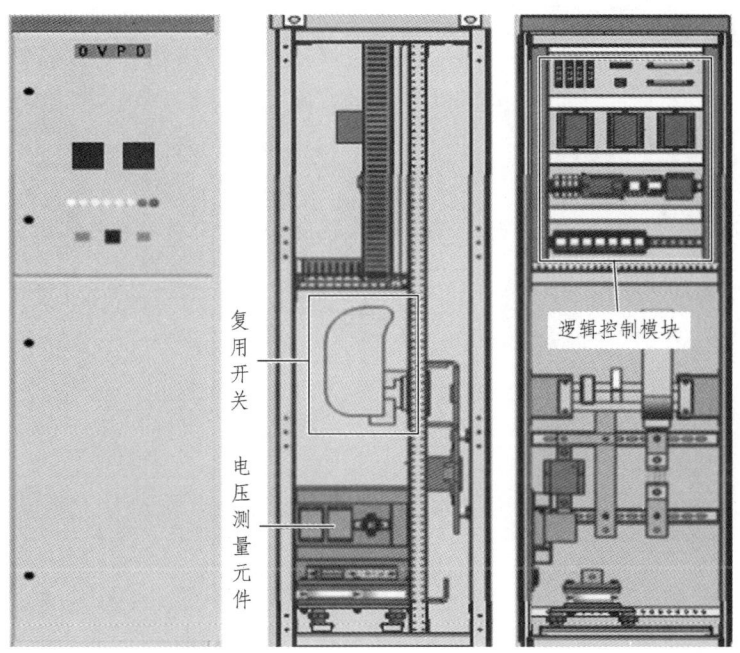

图 1-5-1　钢轨电位限制装置柜体结构

钢轨电位限制装置的工作原理如图 1-5-2 所示，当发生超出安全许可的接触电压时，此钢轨电位限制装置就将钢轨与大地快速短接，从而保证人员和设施的安全。

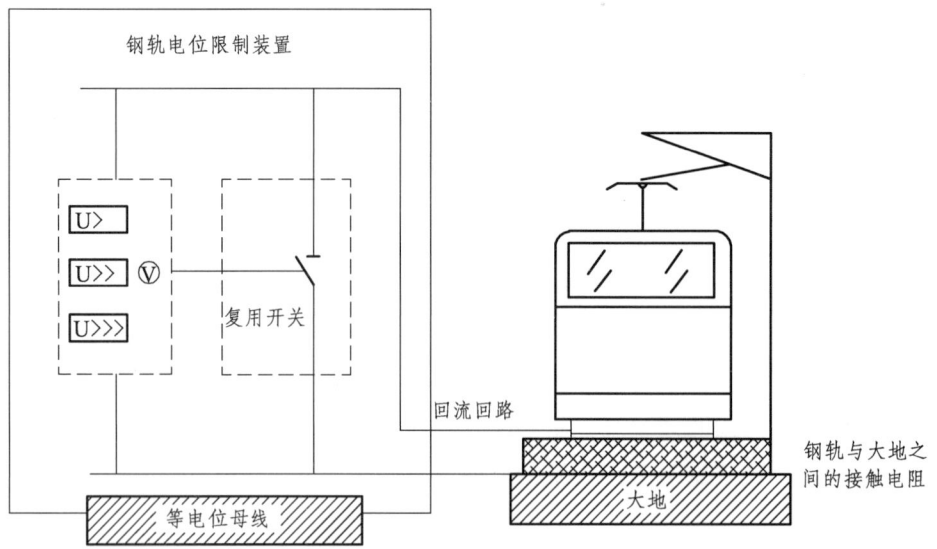

图 1-5-2　钢轨电位限制装置的工作原理

三、实训设备

钢轨电位限制装置，如图 1-5-3 所示。

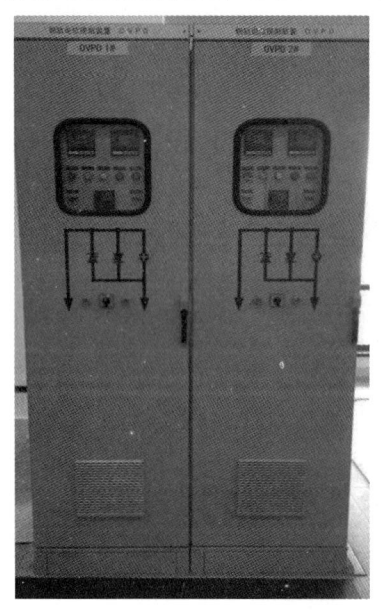
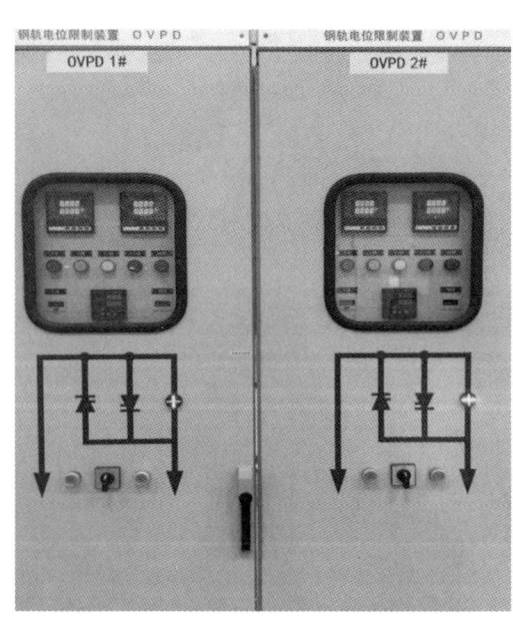

图 1-5-3　钢轨电位限制装置

四、实训准备

（一）实训人员要求

（1）实训人员的身体状况、精神状态良好。

（2）实训人员必须具备必要的供电系统相关基础知识。

（3）实训人员必须具备使用供电专业常用工器具的相关基础知识。

（二）安全要求

（1）实训人员按照实训室要求穿戴安全帽、工作服、护趾鞋等劳动保护用品。

（2）实训前必须开启实训室照明设备，保障实训时有足够照明。

（3）实训时不允许穿凉鞋、拖鞋、裙子、短裤，长发按要求束发。

（4）实训人员必须待在安全区，未经现场实训指导教师同意不得进入设备区触摸或操作任何设备。

（5）实训期间，必须2人以上组成实训小组后方能进行操作。

（三）工器具

500 V兆欧表、棉纱手套、图纸、笔、手电筒。

（四）实训时长及人数

（1）实训时长：2个课时。

（2）实训容纳人数：10人/次。

五、实训内容

（一）设备上电及功能操作

确认设备已上电，上电操作详见本书"城市轨道交通供电系统概述"部分。

（二）日常维护作业内容及标准

1. 钢轨电位限制装置外观检查

（1）检查保护装置外观完好无损，装置安装牢固。端子排及二次回路接线连接牢靠，接触良好。数显电流/电压表、液晶面板完好，无破损、脏污，内容显示清晰、完整。

（2）检查装置型号、参数与设计图纸一致。

（3）接线与图纸相符、质量良好、标识清晰无误，保护装置可靠接地。

（4）面板指示灯显示正确，与实际工况一致。

（5）检查保护装置电源空气开关应全部投上。

2. 绝缘电阻检测

断开保护装置与外部二次回路的所有连接后，采用500 V兆欧表分别测量交流回路、直流回路、信号回路、跳闸回路对地绝缘电阻及各个回路之间的绝缘电阻，绝缘电阻均应不小于2 MΩ。

六、实训验收

表 1-5-1　钢轨电位限制装置实训记录

实训人员：2 人/组

班级：_____　姓名：_____　学号：_____　日期：_____

班级：_____　姓名：_____　学号：_____　日期：_____

项目及配分		考核内容及评分标准	扣分因素及扣分	得分
1	外观检查 （50 分）	检查保护装置外观完好无损，装置安装牢固。端子排及二次回路接线连接牢靠，接触良好。数显电流/电压表、液晶面板完好，无破损、脏污，内容显示清晰、完整。每漏一项扣 10 分		
2		检查装置型号、参数与设计图纸一致。每漏一项扣 10 分		
3		检查接线与图纸相符、质量良好、标示清晰无误，保护装置可靠接地。每漏一项扣 10 分		
4		面板指示灯显示正确，与实际工况一致。每漏一项扣 10 分		
5		检查保护装置电源空气开关应全部投上。每漏一项扣 10 分		
6	绝缘电阻检测 （50 分）	断开保护装置与外部二次回路的所有连接后，采用 500 V 兆欧表分别测量交流回路、直流回路、信号回路、跳闸回路对地及各个回路之间的绝缘电阻，绝缘电阻均应不小于 2 MΩ。每漏一项扣 5 分，共计 50 分		
7		合计（满分 100 分）		

思考题

1. 画出钢轨电位限制装置与车辆、钢轨、牵混所形成回路的示意图。
2. 简述钢轨电位限制装置的工作原理。

实训六　上网隔离开关柜验电接地作业流程

一、实训目的

（1）了解上网隔离开关柜的工作原理。
（2）掌握验电接地作业流程。

二、实训原理

上网隔离开关柜既有室内型也有室外型，它是一种专为城市地下铁路设计的、可安装大直流隔离开关的金属开关设备，适用于 DC1500V 的地铁线路，在有电压无负荷的情况下进行操作，起到对被检修的线路、设备进行电气隔离和电流选择转换的作用。

三、实训设备

上网隔离开关柜，如图 1-6-1 所示。

图 1-6-1　上网隔离开关柜

四、实训准备

(一) 实训人员要求

(1) 实训人员的身体状况、精神状态良好。
(2) 实训人员必须具备必要的供电系统相关基础知识。
(3) 实训人员必须具备使用供电专业常用工器具的相关基础知识。

(二) 安全要求

(1) 实训人员按照实训室要求穿戴安全帽、工作服、护趾鞋等劳保用品。
(2) 实训前必须开启实训室照明设备,保障实训时有足够照明。
(3) 实训时不允许穿凉鞋、拖鞋、裙子、短裤,长发按要求束发。
(4) 实训人员必须待在安全区,未经现场实训指导教师同意不得进入设备区触摸或操作任何设备。
(5) 实训期间,必须 2 人以上组成实训小组后方能进行操作。

(三) 工器具 (见表 1-6-1)

表 1-6-1 实训工器具

序号	名称	单位	数量	备注
一、安全防护用具				
1	直流接地线	组	1	
2	直流验电器	套	1	
3	交流接电线	组	1	
4	交流验电器	套	1	
5	绝缘手套	双	2	
6	绝缘靴	双	2	
7	安全帽	顶	2	
二、工器具				
1	应急工具包	套	1	
2	万用表	台	1	

(四) 实训时长及人数

(1) 实训时长:2 课时。
(2) 实训容纳人数:10 人/次。

五、实训内容

（一）设备上电及功能操作

确认设备已上电，上电操作详见本书"城市轨道交通供电系统概述"部分。

（二）验电工器具介绍及检查注意事项

1. 绝缘手套

绝缘手套如图 1-6-2 所示，它是在高压电气设备上进行设备操作时使用的安全用具，操作高压隔离开关、高压跌落式熔断器、断路器等时必须穿戴绝缘手套。绝缘手套可使人的双手与带电导体绝缘，是防止工作人员同时触及不同极性带电体而导致触电的安全用具，使用绝缘杆时，戴上绝缘手套，可提高绝缘性能，防止泄漏电流对人体的伤害。

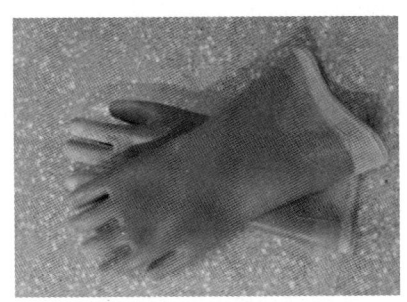

图 1-6-2　绝缘手套

绝缘手套使用注意事项如下：

（1）使用绝缘手套前，应检查绝缘手套是否超过有效试验周期，一般绝缘手套试验周期为 6 个月。

（2）使用绝缘手套前，还应对绝缘手套进行外观检查，查看橡胶是否完好，表面有无针孔、疵点、裂纹、砂眼、杂质、修剪损伤、夹紧痕迹等。如有粘胶破损或漏气现象，应禁止使用。

（3）使用绝缘手套时，应将外衣袖口塞进手套的袖筒里。

（4）因为对绝缘手套有电气性能的要求，所以不能用医疗或化学用的手套代替绝缘手套，同时也不应将绝缘手套作其他用途。

（5）绝缘手套应统一编号，现场使用的绝缘手套最少保证两副。

（6）绝缘手套使用后应擦净、晾干，保持干燥、清洁，最好撒上一些滑石粉，以免粘连。

（7）绝缘手套应存放在干燥、阴凉的专用柜内，与其他工具分开放置，其上不得堆压任何物件，以免刺破手套。

（8）绝缘手套不允许放在过冷、过热、阳光直射和有酸、碱、药品的地方，以防胶质老化降低绝缘性能。

绝缘手套检查方法：将手套朝手指方向卷曲，当卷曲到一定程度时，若手套因内部空气体积减小、压力增大而使手指鼓起，则为不漏气者；也可采用便携式绝缘手套检测仪，将绝缘手套套在检测仪上，检查绝缘手套有无漏气。

2．绝缘靴

绝缘靴又叫高压绝缘靴，是从事电气工作的安全辅助用具，如图1-6-3所示。

图1-6-3　绝缘靴

绝缘靴使用注意事项如下：

（1）检查确认绝缘靴经试验合格且合格证清晰可辨，一般试验周期为6个月。

（2）检查确认绝缘靴表面无裂纹、无漏洞、无气泡、无划痕等缺陷。

（3）使用绝缘靴时应选择与使用者相适应的鞋码，穿着时应将裤管完全套入靴筒内。

（4）不准将绝缘靴放在烈日下暴晒。即使在穿着绝缘靴后，也严禁直接用手接触电气设备。

3．安全帽

安全帽如图1-6-4所示，它是钢制或类似原料制的浅圆顶帽子，是防止冲击物伤害头部的防护用品。安全帽由帽壳、帽衬、下颊带和后箍组成。帽壳呈半球形，坚固、光滑并有一定弹性，冲击物的冲击动能和穿刺动能主要由帽壳承受。帽壳和帽衬之间留有一定空间，可缓冲、分散瞬时冲击力，从而避免或减轻对头部的直接伤害。冲击吸能性能、耐穿刺性能、侧向刚性、电绝缘性、阻燃性是对安全帽的基本技术性能的要求。

图1-6-4　安全帽

安全帽使用注意事项如下：

（1）使用之前应检查安全帽的外观是否有裂纹、碰伤痕迹、凸凹不平、磨损，帽衬是否完整，帽衬的结构是否处于正常状态。检查安全帽是否在有效期内。

（2）戴安全帽前应将帽后调整带按自己头形调整到适合的位置，然后将帽内弹性带系牢。

（3）安全帽的下颊带必须扣在颌下并系牢，松紧要适度。这样不致于被大风吹掉，或者是被其他障碍物碰掉，或者由于头的前后摆动使安全帽脱落。

（4）因为安全帽在使用过程中会逐渐损坏，所以要定期检查，发现异常要立即更换，不再继续使用。任何受过重击的安全帽，不论有无损坏，均应报废。

（5）严禁使用只有下颏带与帽壳连接，也就是帽内无缓冲层的安全帽。

（6）由于安全帽大部分是使用高密度低压聚乙烯塑料制成，具有硬化和变蜕的性质，所以不宜长时间在阳光下暴晒。

（7）新领的安全帽，首先应检查是否有劳动部门允许生产的证明及产品合格证，再看是否破损、薄厚不均，缓冲层及调整带和弹性带是否齐全有效。不符合规定要求的立即调换。

（8）平时使用安全帽时应保持整洁，不能接触火源，不要任意涂刷油漆。

4. 交流验电器

常用的交流验电器属于声光双重指示型验电器，用于检测物体是否带电以及粗略估计带电量大小。交流验电器外形如图1-6-5所示。

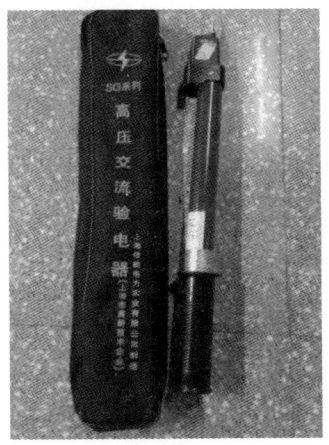

图1-6-5　交流验电器

交流验电器使用注意事项如下：

（1）根据被验电设备的额定电压等级，选择适合的验电器。

（2）验电前应对验电器进行自检试验，若指示器发出间歇振荡声光信号，则证明验电器性能完好。

（3）进行验电时将伸缩绝缘杆拉开进行验电操作，手不能超过规定的安全环，验电器触头触及带电体时，发出间歇声光信号即表示有电，否则表示无电。

（4）为保证人身和设备安全，要求定期对交流验电器做预防性试验。预防性试验前，应对验电器进行外观检查。当发现验电指示器的外壳有缺损、绝缘杆有裂纹等明显缺陷时，不宜进行预防性试验，应及时更换。

5. 直流验电器

直流验电器的指示器和操作杆与交流验电器的结构和工艺相同，不同之处在于直流验电器操作杆的首节绝缘杆内增设了高压限流元件及接地引下端口。在型号区分上也较交流验电器增设了正、负极性之分。

直流验电器使用注意事项如下:

(1) 为保证人身和设备的安全,应确保验电器的完好性,并将其存放在空气流通、环境干燥的场所。

(2) 验电操作前应对验电器进行自检,方法是:按下自检按钮,验电指示器应发出清晰的声光报警信号。若自检无声光指示信号,则不得进行验电操作。

(3) 验电操作前还须检查接地引下线是否完好,接触点是否可靠。

(4) 为保证人身和设备的安全,验电器必须按规定,每半年进行一次定期预防性试验。

6. 交、直流接地线

交、直流接地线是接在电气设备外壳等部位,将因各种原因产生的不安全电荷或漏电电流导出的线路,如图 1-6-6 和图 1-6-7 所示。

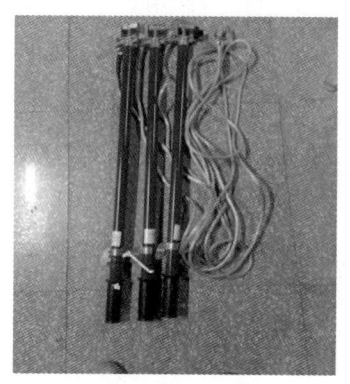

图 1-6-6　交流地线

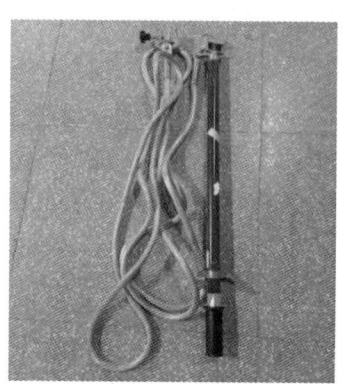

图 1-6-7　直流接地线

接地线使用注意事项如下:

(1) 工作前必须对接地线进行检查。检查软铜线是否有断股、散股、接头,螺丝连接处有无松动,线钩的弹力是否正常,不符合要求应及时调换或修好后再使用。一般交流地线截面面积不得小于 25 mm^2,直流接地线截面面积不得小于 70 mm^2。

(2) 挂接地线前必须先验电,悬挂接地线时接地线导体不能和身体接触。

(3) 必须在工作地点两端悬挂接地线,以免突然来电。

(4) 接地线在使用过程中不得扭花,不用时应将软铜线盘好;接地线拆除后,不得从空中丢下或随地乱摔,要用绳索传递,注意接地线的清洁工作。

(5) 新员工必须先经过接地线使用的培训、学习,考核合格后,方能单独从事接地线操作或使用工作。

(6) 按不同电压等级选用对应规格的接地线,严禁使用其他金属线代替接地线。

(7) 现场工作不得少挂接地线或者擅自变更挂接地线的地点。

(8) 接地线具有双面性,它可以保护作业人员的安全,但使用不当也会产生破坏效应,带接地线合开关会损坏电气设备,会导致严重的恶性电气事故,所以工作完毕要及时拆除接地线。

（三）验电接地流程

验电接地流程如图 1-6-8 所示。

（a）准备工作　　　　　　　（b）验电操作　　　　　　　（c）挂接地线

图 1-6-8　验电接地流程图

1. 准备工作

（1）准备验电接地所需的工器具，要求所有工器具均有合格证且在有效期内。
（2）检查接地线无散股、断股、接头，绝缘杆无破损、脱漆。
（3）检查绝缘手套，对绝缘手套进行充气试验，应无漏气。
（4）检查绝缘鞋无破损、无脱胶。
（5）检查验电器绝缘杆应无破损、脱漆；进行声光试验效果良好。
（6）检查安全帽无破损、脱漆，帽衬、帽带良好。

2. 验电操作

（1）确认设备停电后，将操作方式开关打到"就地"位并断开其操作电源。
（2）按规定佩戴安全帽，穿戴绝缘靴、绝缘手套。
（3）在带电的设备上再次试验验电器，确认状态良好。
（4）监护人和操作人手指眼看、呼唤应答，进行验电。

3. 挂接地线

（1）验电完毕后，将接地线接地端与接地极连接牢固。
（2）在值班员的监护下，操作人员将地线接挂端挂在裸露的停电设备上，确认连接牢固。
（3）接挂地线时人员不得触及接地线且保持 0.5 m 的安全距离。
（4）接挂地线完毕后，将工器具撤离现场，并设置安全警示带。

六、实训验收

表 1-6-1　上网隔离开关柜验电接地流程实训记录表

实训人员：2 人/组

班级：_____　姓名：_____　学号：_____　日期：_____

班级：_____　姓名：_____　学号：_____　日期：_____

项目及配分		考核内容及评分标准	扣分因素及扣分	得分
1	作业程序（40分）	使用高压验电器前，先检查其是否清洁、整洁、外观有无破损。违反操作规程，每次扣2分；每漏一项扣2分		
2		检查高压验电器声、光指示是否正常。违反操作规程，每次扣2分；每漏一项扣2分		
3		使用高压验电器前，必须先确定其额定电压与被测电气设备的电压等级是否对应，以免危及操作者人身安全或产生误判。违反操作规程，每次扣2分；每漏一项扣2分		
4		验电时操作者应戴绝缘手套，手握在护环以下部分，同时设专人监护。违反操作规程，每次扣2分；每漏一项扣2分		
5		先在有电的电气设备上验证验电器性能完好，然后再对被验电电气设备进行检测验电。违反操作规程，每次扣2分；每漏一项扣2分		
6		操作中将高压验电器逐渐移向电气设备，在移近过程中若有发光或发声指示，则立即停止验电。违反操作规程，每次扣2分；每漏一项扣2分		
7		多层铺设的电力线路，应先验低压、后验高压，先验下层、后验上层，先验近侧、后验远侧。违反操作规程，每次扣2分；每漏一项扣2分		
8		高压验电器每6个月要进行一次预防性试验，试验不合格或超过试验周期都不准使用。违反操作规程，每次扣2分；每漏一项扣2分		
9		地线挂接顺序为：先挂接地端，再挂设备端。每错一处扣5分		
10		地线拆除顺序为：先拆设备端，再拆接地端。每错一处扣5分		
11	质量（30分）	验电器选错型号扣10~20分		
12		少验电一相扣5分		
13	工具使用（10分）	工具、材料未带齐，缺1件扣5分		
14		工具使用不规范，1次扣5分，损坏扣10分		

续表

项目及配分		考核内容及评分标准	扣分因素及扣分	得分
15	安全及其他（20 分）	使用完毕，清理现场。未清理现场扣 5 分		
16		按规定佩戴劳动保护用品。未按规定佩戴劳动保护用品，每处扣 2 分		
17		作业前确认现场，安全措施完备（口述），否则扣 5 分		
18		作业过程中出现危及人身和设备安全现象，扣 20 分		
19		作业时间每超时 1 min 扣 2 分，超时 5 min 停止考核		
20	失格条件	1. 出现人身伤害事故。 2. 造成设备严重故障。 3. 验电时走错带电间隔。 4. 地线位置挂错		
21		合计（满分 100 分）		

思考题

1. 简述断开 2123/2124 开关的用途和供电范围。
2. 请列举成都地铁因拆、挂接地线不当造成事故的主要原因。

实训七 PSCADA 控制柜日常巡视

一、实训目的

（1）掌握 PSCADA 控制柜日常控制/显示功能。
（2）熟悉日常巡视范围及工作内容。

二、实训原理

PSCADA 控制柜系统巡检是进行全线所内设备运行状态巡检最快速的方式，可以在短时间内完成所有设备状态及运行参数巡查，掌握设备运行过程异常报警信息，同时对故障发生时的影响范围进行快速锁定，便于应急抢险组织。PSCADA 控制信号屏的界面显示如图 1-7-1 所示。

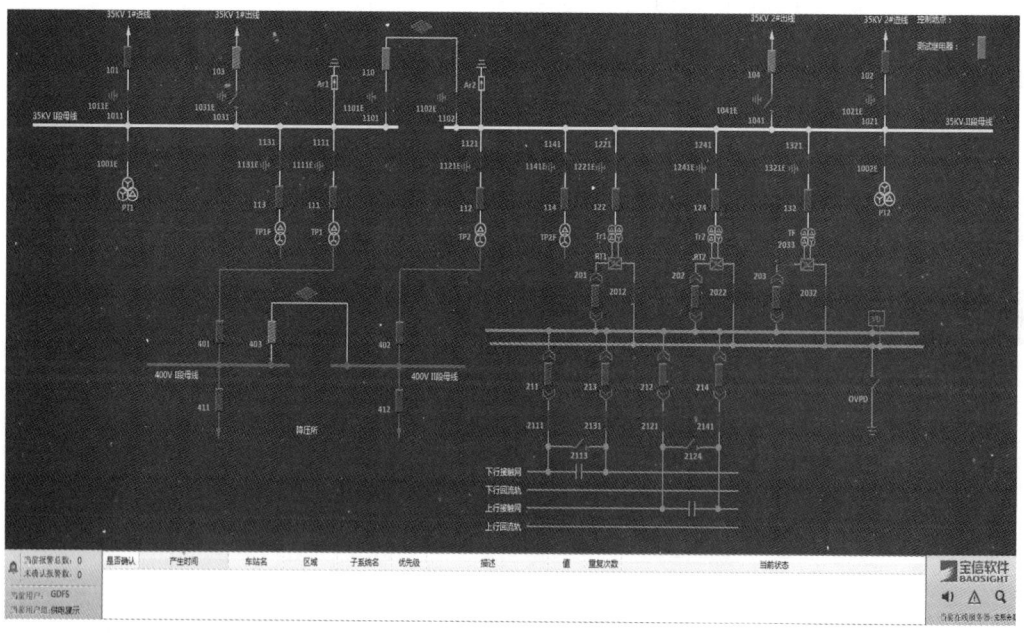

图 1-7-1　PSCADA 控制信号屏界面显示

三、实训设备

PSCADA 控制柜（含控制信号屏、站用交流屏、直流充电屏/馈电屏、蓄电池屏）。

四、实训准备

（一）实训人员要求

（1）实训人员的身体状况、精神状态良好。
（2）实训人员必须具备必要的供电系统相关基础知识。
（3）实训人员必须具备使用供电专业常用工器具的相关基础知识。

（二）安全要求

（1）实训人员按照实训室要求穿戴安全帽、工作服、护趾鞋等劳动保护用品。
（2）实训前必须开启实训室照明设备，保障实训时有足够照明。
（3）实训时不允许穿凉鞋、拖鞋、裙子、短裤，长发按要求束发。
（4）实训人员必须待在安全区，未经现场实训指导教师同意不得进入设备区触摸或操作任何设备。
（5）实训期间，必须2人以上组成实训小组后方能进行操作。

（三）工器具

棉纱手套、万用表、纸、笔、手电筒。

（四）实训时长及人数

（1）实训时长：2课时。
（2）实训容纳人数：10人/次。

五、实训内容

（一）设备上电及功能操作

确认设备已上电，上电操作详见本书"城市轨道交通供电系统概述"部分。

（二）日常操作及查阅信息（报警、报文）

（1）查看全线设备电流、电压及温度有无异常。
（2）查看全线SOE报文，有无报警信息、所内运行状态是否正常。
（3）在早、晚高峰各进行一次巡视检查，平峰进行两次巡视检查，若产生报警音响则立即查看确认，发现供电系统故障应立即反馈相关信息并及时通知各岗位人员，并填写复示系统交接巡视记录表。
（4）检查系统运行是否正常，有无卡滞死机现象，各硬件设备之间的连接是否良好以及设备表面清洁情况。

六、实训验收

表 1-7-1　PSCADA 控制柜日常巡视实训记录表

实训人员：2 人/组

班级：_____　姓名：_____　学号：_____　日期：_____

班级：_____　姓名：_____　学号：_____　日期：_____

项目及配分		考核内容及评分标准	扣分因素及扣分	得分
1	作业程序（80 分）	巡视房间内需将气灭开关转换为手动位。每错一项扣 5 分		
2		进入控制室开始巡视，先找到控制信号屏，查看界面上的所内一次接线图、开关状态及通信是否正常，查看报警记录，浏览 SOE 报文，检查有无新的故障报警。每错一项扣 5 分		
3		对直流馈线屏、交流馈线屏、直流充电屏、蓄电池柜进行巡视。检查空气开关位置、指示灯是否在正常状态，两路进线电压有无异常。检查充电模块、控制回路、合闸回路、及正负极对地电压是否正常，蓄电池单只电压和总电压有无异常。查看蓄电池有无漏液、鼓包、锈蚀，采样线有无松脱。检查事件记录有无新的故障报警。每漏一项扣 5 分，共计 10 分		
4		巡视 35 kV 开关柜，检查设备开关状态、分合闸指示灯、带电显示装置、温湿度计、SF_6 气压、保护装置是否正常，查看保护装置有无新的故障报警。每漏一项扣 5 分，共计 10 分		
5		巡视直流开关柜、上网隔离开关柜、整流器柜和负极柜，查看设备开关状态、分合闸指示灯、保护装置是否正常，查看保护装置有无故障报警。查看直流小车的电流电压、整流器柜的进出线电压、负极柜的电压电流以及框架电流有无异常。每漏一项扣 5 分，共计 10 分		
6		巡视整流变压器、配电变压器，先对外观进行检查，检查电缆高低压套管无放电痕迹、灰尘是否过重，听变压器声音是否均匀，检查室内温度、通风是否正常，查看温控器有无异常及故障报警。每漏一项扣 5 分，共计 20 分		
7		巡视电力电缆、消防系统、安全工器具。检查电力电缆的外观及负荷，检查所内消防工具、验电器、安全工器具等设备的有效日期、重量、送检周期，对一周内要过期的设备及时送检。每漏一项扣 5 分，共计 20 分		

续表

项目及配分		考核内容及评分标准	扣分因素及扣分	得分
8	安全及其他 (20分)	正确穿戴劳动保护用品,违反规定每处扣2分; 作业结束,未清理现场扣3分		
9		违反安全操作规程,每次扣2分		
10		在规定时间内完成,每超1 min 扣2分;延时5 min,结束考试。		
11		未正确记录巡视数据扣10分		
12	失格条件	1. 出现人身伤害事故。 2. 造成设备严重故障		
13		合计(满分100分)		

思考题

1. PSCADA 控制柜巡视包括哪些内容?
2. 巡视房间内若未将气灭开关转换为手动位,会发生什么现象?

第二部分
PART TWO

机电设备实训

城市轨道交通机电系统概述

城市轨道交通机电系统是地铁车站能够正常运行的重要组成部分。车站既是城市轨道交通系统对外提供客运服务的窗口，又是系统内部最主要的生产基地，它是城市轨道交通客运服务的起始点，也是客运服务的终止点。车站需要相应的基建设备，而大部分的基建设备是机电系统设备。

地铁机电系统所包含的子系统有：低压配电及照明系统、给排水系统、通风空调系统、屏蔽门系统、自动扶梯系统、消防系统和售检票系统等。

一、低压配电及照明系统

地铁供电系统的根本作用是为地铁运营提供动力能源——电能。地铁供电电源一般取自城市电网，高压电通过输送或变换，以适当的电压等级供给设备，以保证电源的供应。

地铁供电系统根据用电性质不同分为两部分：由牵引变电所为主组成的牵引供电系统和以降压变电所为主组成的低压配电与照明配电系统。牵引供电系统经由牵引变电所，将城市电网中压电降压、整流后变换成为城市轨道交通需要的750 V或1500 V的直流电传递给接触网，以提供列车动力电源。低压配电及照明配电系统则是以降压变电所为基础，将城市电网10 kV中压配电降压为380V/220V或660V/380V的低压电，包含两个子系统：照明系统和低压配电系统。低压配电照明配电系统是地铁供电系统的重要部分，主要作用是为低压设备提供和分配电能。

二、给排水系统

城市轨道交通的车站和车辆段给排水系统分别由给水系统和排水系统两部分组成。其中给水系统包括生活给水系统、生产给水系统和水消防给水系统，其功能是满足生产、生活和消防用水对水量、水质和水压的要求；排水系统则包括污水系统、废水系统和雨水系统，其功能是保证车站和车辆段排水畅通，为轨道交通安全运营提供服务。

城市轨道交通车站的给水排水及消防设计有一般建筑工程的共性，也有作为城市轨道交通工程的特点。

三、通风空调系统

城市轨道交通通风空调系统，是指对车站站厅、站台、隧道、设备及管理用房等场所的环境进行空气处理的系统，主要用于调节指定区域内的空气温度、湿度、空气流速和空气品质等主要因素，以此来创造一个适合地铁设备正常运转、人员安全舒适的人工环境。

面对地下车站如此复杂的环境特点，通风空调系统的重要性不言而喻，其具体的功能如下：在列车正常运行时，排除余热余温，提供人员所需的新风量，为乘客和工作人员提供一个适宜的人工环境，满足站内各种设备正常运转所需要的温度、湿度要求；列车阻塞在区间隧道时，向阻塞区间提供一定的通风量，保证列车空调等设备正常工作，维持车厢内乘客在短时间内能接受的环境条件；当发生火灾事故时，提供迅速有效的排烟手段，给乘客和消防人员提供足够的新鲜空气，并形成一定的迎面风速，引导乘客安全迅速地撤离。

四、屏蔽门系统

城市轨道交通车站屏蔽门系统是城市轨道交通的重要组成部分，作为乘客安全直接保障设备在国内外已得到广泛的应用，其系统及设备运行状态直接影响到乘客的乘车安全。

屏蔽门是设在站台边缘，把站台区域与列车运动区域相互隔开的设备。设置屏蔽门系统的主要目的是防止人员跌落轨道产生意外事故。列车未进站时，屏蔽门处于关闭状态，保证乘客候车的安全，防止可能出现的各种意外；而当列车进站后，使列车车门与站台屏蔽门严格对准，并使列车车门与屏蔽门联动开启，以供乘客上下车，待乘降结束后，车门与站台门同步关闭。站台屏蔽门可为乘客提供一个安全、舒适的候车环境，提高地铁的服务水平。

五、自动扶梯系统

地铁车站电梯设备是城市轨道交通地铁车站最为重要的机电设备之一，是乘客方便、快捷、舒适进出车站的代步工具。地铁车站各种电梯的配置既要满足正常运营下不同乘客群体平等、舒适便捷地使用地铁的需要，又要满足火灾等异常情况发生时安全快捷、高效地疏散乘客的要求。因此，地铁车站电梯设备的配置与运行状况直接影响地铁满足城市居民出行需求功能的发挥。

六、消防系统

地下建筑与地面建筑相比有许多不同之处，地下工程是在地下通过挖掘方法获得建筑空间，外部仍有厚实的岩土介质包围，它只有内部空间。地面建筑有门、窗、墙与大气相连，室内外光热交换容易。而地下空间与外部联系孔洞少、面积小、气热交换难、散热慢、能见度低。因此，火灾对地下工程的威胁比对地面建筑更大。地铁车站一旦发生火灾，具有区别于地面火灾的特征：排烟困难、散热慢；高温、高热全面燃烧；安全疏散困难；扑救困难、危害大。

本实训教材选取 400 V 开关柜及 401 断路器设备、EPS 柜应急照明装置、通风空调设备（控制柜 A、双电源柜、出线柜）、给排水设备共 4 个实训项目进行学习。

 400 V 开关柜日常维护、401 断路器失电现象及故障恢复

一、实训目的

（1）了解 400 V 开关柜日常维护作业内容及标准。
（2）熟悉 401 断路器失电现象及故障恢复方法。

二、实训原理

（一）设备简介

400 V 开关柜是成都地铁使用的一种低压供配电的智能型成套设备，通过 OCC（主站）可对其进行遥控、遥信、遥测，主要为车辆段、控制中心、车站的通信、信号、电扶梯、给排水、通风空调等设备提供电源。

（二）设备名称

（1）401 断路器：400 V 供配电系统Ⅰ段进线断路器名称。
（2）402 断路器：400 V 供配电系统Ⅱ段进线断路器名称。
（3）403 断路器：400 V 供配电系统母线联络断路器的名称。
（4）411 断路器：400 V 供配电系统Ⅰ段三级负荷总开关断路器的名称。
（5）412 断路器：400 V 供配电系统Ⅱ段三级负荷总开关断路器的名称。
（6）电能管理系统：400 V 变电所低压侧进线、各馈出回路的遥测的监控系统。

（三）安全操作原则

（1）400 V 供配电系统一、二次作业，必须严格按 DL408 电业安全工作规程及有关规程、规定办理工作票、作业令，并做好安全措施。
（2）作业时，相应送电开关位置应悬挂设置"禁止操作，有人工作"类警示标识。
（3）在二次回路作业，应注意电压互感器二次侧严禁短路、电流互感器二次侧严禁开路。在带电的电流互感器二次回路上工作，若保护与测量共用一个二次绕组，当在表计回路工作时，应先将表计端子短接，以防止电流互感器开路。
（4）基本倒闸顺序：停电拉闸操作必须按照"负荷侧馈线断路器—负荷侧隔离开关—

母线侧馈线开关"的顺序依次操作,送电合闸操作应按照与上述相反的顺序进行。严禁带负荷拉合隔离开关。

(5)其余未尽安全操作原则参照《低压供电安全作业规程》(CDYY-SBWH-04-061-2017)。

三、实训设备

400 V开关柜(见图2-1-1),进线一开关柜(见图2-1-2),进线二开关柜(见图2-1-3)。

图2-1-1 400 V开关柜

图2-1-2 进线一开关柜

图 2-1-3 进线二开关柜

四、实训准备

（一）实训人员要求

（1）实训人员的身体状况、精神状态良好。
（2）实训人员必须具备必要的供电系统相关基础知识。
（3）实训人员必须具备使用供电专业常用工器具的相关基础知识。

（二）安全要求

（1）实训人员按照实训室要求穿戴安全帽、工作服、护趾鞋等劳动保护用品。
（2）实训前必须开启实训室照明设备，保障实训时有足够照明。
（3）实训时不允许穿凉鞋、拖鞋、裙子、短裤，长发按要求束发。
（4）实训人员必须待在安全区，未经现场实训指导教师同意不得进入设备区触摸或操作任何设备。
（5）实训期间，必须 2 人以上组成实训小组后方能进行操作。

（三）工器具

棉纱手套、万用表、纸、笔、手电筒。

（四）实训时长及人数

（1）实训时长：2课时。

（2）实训容纳人数：10人/次。

五、实训内容

（一）设备上电及功能操作

确认设备已上电，各指示灯显示绿色。

（二）日常维护作业内容及标准

（1）检查各类指示灯、电压表、电流表显示是否正常，各类转换开关所处的位置是否正确。

（2）检查 PLC 通信是否正常，检查 PLC 模块是否死机、报错，检查 PLC 人机界面与开关状态是否一致。

（3）检查主进线开关、母联开关、三级负荷总开关、再生制动能馈系统低压侧进线开关（若有）、馈出开关运行是否正常。

（4）检查框架断路器本体是否异常报警，储能装置是否储能。

（5）检查两路二次回路电源开关是否处于合闸状态，24 V 电源指示灯是否正常。

（6）检查各开关柜是否有异味、异响，接线端子、母线温度是否异常。

（7）检查室内是否清洁，消防设施、灯具是否完好，室内孔洞封堵、进门处挡鼠板是否完好。

（8）检查 400 V 降压变电所与二级配电室间电缆、母线连接是否牢靠。

日常维护作业内容及检查标准如表 2-1-1 所示。

表 2-1-1　日常维护作业内容及检查标准

序号	检查检修项目	检查检修标准	检修周期
1	柜体、柜内元件、设备房清洁	柜体、电气元件、设备房清洁无尘土、无脏污。作业过程中注意控制扬尘，避免触发烟感	年检
2	检查柜体、柜内元器件是否破损、松动	柜体、柜内元器件无破损、松动	年检
3	安装螺丝螺母是否锈蚀	柜体、安装螺丝螺母无锈迹	年检
4	柜门关闭是否严实，柜体进出线电缆是否封堵完好	柜门关闭严实，柜体进出线电缆封堵完好	年检
5	柜内各元器件、端子、端子排是否有变色、受潮、灼烧痕迹	柜内各元器件、端子、端子排无变色、受潮、灼烧痕迹	年检

续表

序号	检查检修项目	检查检修标准	检修周期
6	各指示灯、开关、按钮、控制线、信号线、馈线电缆等标识是否齐全完好	各指示灯、开关、按钮标识牌，控制线、信号线线号管，馈线电缆吊牌齐全完好	年检
7	母排发热检查及绝缘检测	母排表面光洁、清洁、无变色；温度贴纸无高温显示。母排相间、相地绝缘电阻值≥0.5 MΩ	年检
8	母排相序贴纸及温度贴纸是否完好	母排相序贴纸及温度贴纸完好、粘贴位置正确	年检
9	紧固 PLC 进出线端子及模块间连接线	PLC 进出线端子及模块间连接线无松动	年检
10	抽检表计数据与综合监控数据核对（电气火灾、电能管理系统）	抽检表计各项数据与综合监控上一致	年检
11	主机盘清洁（电气火灾、电能管理系统）	柜体、网关、UPS 电源等无浮尘，无污渍。作业过程中注意控制扬尘，避免触发烟感	年检
12	紧固网线、二次回路线（电气火灾、电能管理系统）	网线、二次回路接线应紧固，无虚接现象，人为晃动不松脱	双年检
13	紧固低压母排上的连接螺丝，紧固开关柜所有元器件主、控回路接线（包括 CT 二次接线）	元器件主、控制回路接线紧固，无虚接现象，人为晃动不松脱，母排接点及安装螺丝紧固	双年检
14	检查转换开关、按钮、馈线断路器操作是否灵活可靠	转换开关、馈线断路器操作手柄转动灵活无卡阻、定位正确。按钮动作正常，按压弹力合适	双年检
15	框架断路器灭弧罩检查	灭弧罩无变色、烧灼痕迹，无积灰。检查时应将框架断路器摇至"断开"位（DISCONNECTED）	双年检
16	框架断路器性能检查	使用测试仪检测框架断路器"L、S、I、G"保护功能正常，电动/手动操作可靠	双年检

（三）设备故障及处理方法

1. 401 断路器失电现象及故障恢复

（1）401 断路器失电现象如图 2-1-4 所示。

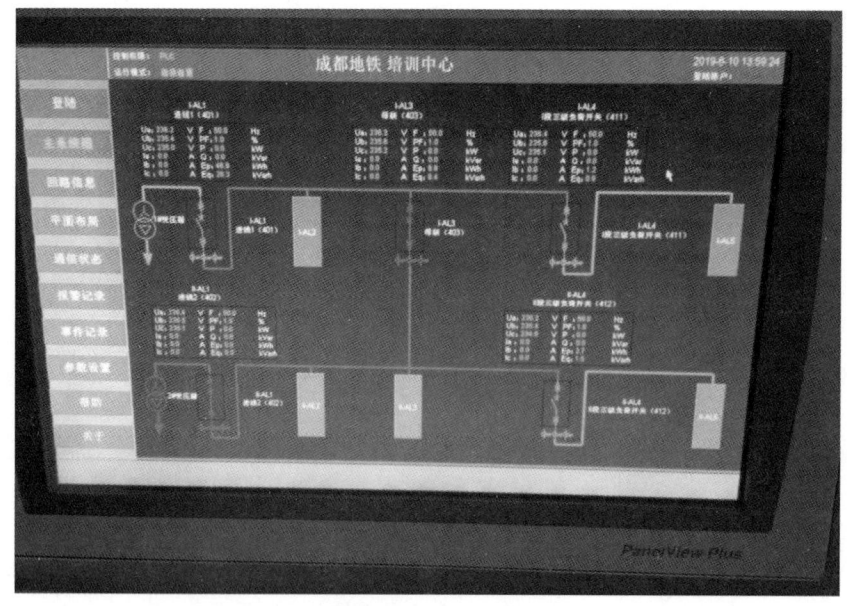

图 2-1-4　失电现象

扫码看彩图

（2）判断故障及处理步骤如下。

① 首先判断故障点位并确认各断路器/开关位置：

- 确认进线Ⅰ（401）Ⅰ-AL1 断路器处于"断开"位。
- 确认母联（403）Ⅰ-AL3 处于"合闸"位。
- 确认Ⅰ段三级负荷开关（411）Ⅰ-AL4 处于"断开"位。
- 确认Ⅱ段三级负荷开关（412）Ⅱ-AL4 处于"断开"位。

② 打开进线柜液晶显示屏盖板，检查确认各继电器接线（松动、虚接等）、开关闭合状态，发现如图 2-1-5 所示熔断器断开。

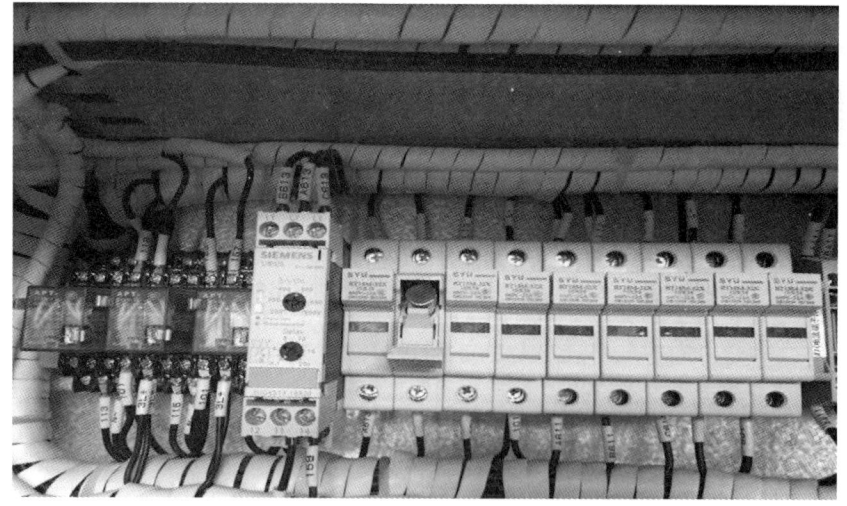

图 2-1-5　熔断器断开

③ 处理方法：重新闭合熔断器开关即可。正常状态如图 2-1-6 所示。

图 2-1-6 故障恢复　　　　　　　　　　　　　　　　　扫码看彩图

六、实训验收

表 2-1-2　400 V 开关柜实训记录表

实训人员：2 人/组

班级：＿＿＿＿＿　姓名：＿＿＿＿＿　学号：＿＿＿＿＿　日期：＿＿＿＿＿

班级：＿＿＿＿＿　姓名：＿＿＿＿＿　学号：＿＿＿＿＿　日期：＿＿＿＿＿

序号	考核内容及评分标准	实训结果、异常描述与处理（画√或×）	分值	扣分因素及扣分	得分
1	柜体、柜内元件、设备房清洁（包含能源管理机柜）	□已完成 □未完成	1		
2	检查柜体、柜内元器件是否破损、松动	□是 □否	2		
3	安装螺丝螺母是否锈蚀	□是 □否	2		
4	柜门关闭是否严实，柜体进出线电缆是否封堵完好	□正常 □异常	2		
5	柜内各元器件、端子、端子排是否有变色、受潮、灼烧痕迹	□是 □否	2		
6	检查各指示灯、开关、按钮、控制线、信号线、馈线电缆等标识是否齐全完好	□正常 □异常	5		

续表

序号	考核内容及评分标准	实训结果、异常描述与处理（画√或×）	分值	扣分因素及扣分	得分
7	母排相序贴纸及温度贴纸是否完好	□正常 □异常	2		
8	母排发热检查及绝缘检测（绝缘检测值不低于 0.5 MΩ，检测值填入检修结果中）	Ⅰ段： A-B _____ MΩ， B-A _____ MΩ， A-N _____ MΩ， B-N _____ MΩ， C-N _____ MΩ； Ⅱ段： A-B _____ MΩ， B-A _____ MΩ， A-N _____ MΩ， B-N _____ MΩ， C-N _____ MΩ	20		
9	紧固 PLC 进出线端子及模块间连接线	□已紧固 □松动	5		
10	抽检表计数据与综合监控数据核对	□一致 □不一致	5		
11	紧固网关接线、二次回路接线（双年检）	□已紧固 □松动	5		
10	紧固低压母排上的连接螺丝，紧固开关柜所有元器件主、控回路接线（包括 CT 二次接线）（双年检）	□已紧固 □松动	5		
11	检查转换开关、按钮、馈线断路器操作是否灵活可靠	□正常 □异常	2		
12	框架断路器性能检查	□正常 □异常	5		
13	框架断路器灭弧罩检查（双年检）	□正常 □异常	2		
14	备自投试验	□正常 □异常	10		
15	检查并紧固探测器、互感器、仪表接线端子	□已紧固 □松动	5		
16	抽检故障报警，核对点位信息	□一致 □不一致	5		
17	主机清洁保养，检查、紧固元器件接线端子	□正常 □异常	5		
18	主备电源测试，蓄电池检查	□正常 □异常	5		
19	主备网络测试	□正常 □异常	5		
20	合计（满分 100 分）		100		

思考题

1. 简述 400 V 开关柜供电范围及什么情况下自动采用母联投入进线柜而供电。
2. 简述 401 断路器失电现象及故障恢复方法。

实训二 EPS 柜应急照明装置日常维护

一、实训目的

（1）了解并检测系统监控装置、应急照明电源装置的运行方式。
（2）掌握蓄电池电压检测方法。

二、实训原理

EPS 事故照明系统是在火灾、爆炸和地震等灾害发生的情况下或正常照明电源发生故障时，为了保障人员及财产的安全，为人员疏散、设备安全提供电源保障的智能成套设备；主要包括充电柜、交流馈线柜、逆变柜、蓄电池柜。

（1）当两路输入交流电压正常时，按两路交流输入中第一路优先工作的原则，ATS（列车自动监控系统）优先切换至第一路供电。充电模块得电后将对电池组供电，按标称容量的 0.1C 电流值进行充电。当达到电池组均充电压时（该电压为温度补偿充电终止电压），充电模块将稳定在该电压下对电池组继续充电；当均充电流下降至蓄电池标称容量的 0.02C 时（可设定），保持 3 小时后，模块自动使充电模块转入浮充电电压（该电压为温度补偿浮充电电压）对电池组进行浮充电。

（2）当两路交流输入中第一路输入断电或缺相时，系统将自动切换至第二路。当两路市电同时无电时，系统转为应急供电，同时发出报警信号。

（3）电池组的充电采用恒压源或限流形式，对于免维护铅酸电池，采 0.1C 充电，恒流精度不大于±0.5%，当电池组达到 u-t 曲线终止电压时，系统将发出信号，使充电模块由均充电压转为浮充电电压。

（4）当交流失电或控制模块故障时，系统将发出告警信号，并自动进入自动调压工作状态；当自动调压发生故障时，可通过手动调压，双套保护，控制母线能无间隙地向负载提供输出电源。

（5）系统能将上述工作状态与报警信息通过 RS485 接口或以太网上传至综合监控系统。

三、实训设备

EPS 柜应急照明装置，含充电柜、交流馈线柜、逆变柜、蓄电池柜。

四、实训准备

（一）实训人员要求

（1）实训人员的身体状况、精神状态良好。
（2）实训人员必须具备必要的供电系统相关基础知识。
（3）实训人员必须具备使用供电专业常用工器具的相关基础知识。

（二）安全要求

（1）实训人员按照实训室要求穿戴安全帽、工作服、护趾鞋等劳动保护用品。
（2）实训前必须开启实训室照明设备，保障实训时有足够照明。
（3）实训时不允许穿凉鞋、拖鞋、裙子、短裤，长发按要求束发。
（4）实训人员必须待在安全区，未经现场实训指导教师同意不得进入设备区触摸或操作任何设备。
（5）实训期间，必须2人以上组成实训小组后方能进行操作。

（三）工器具

棉纱手套、纸、笔、手电筒。

（四）实训时长及人数

（1）实训时长：2课时。
（2）实训容纳人数：10人/次。

五、实训内容

（一）设备上电及功能操作

1. 设备上电

打开充电柜，合上"主电源开关""备用电源开关"，使设备带电，如图2-2-1所示。

2. 功能操作

监控器主界面的功能操作区共有9个按钮，功能如下。

（1）按 网络视图 按钮，进入网络视图界面，如图2-2-2所示。

网络视图界面显示网络结构及各设备通信状态。当显示信号为绿色时，表示通信正常；当显示信号为黄色时，表示通信故障。

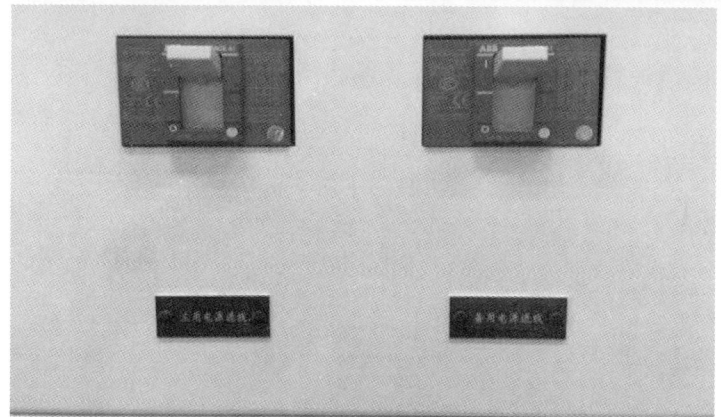

图 2-2-1 充电柜

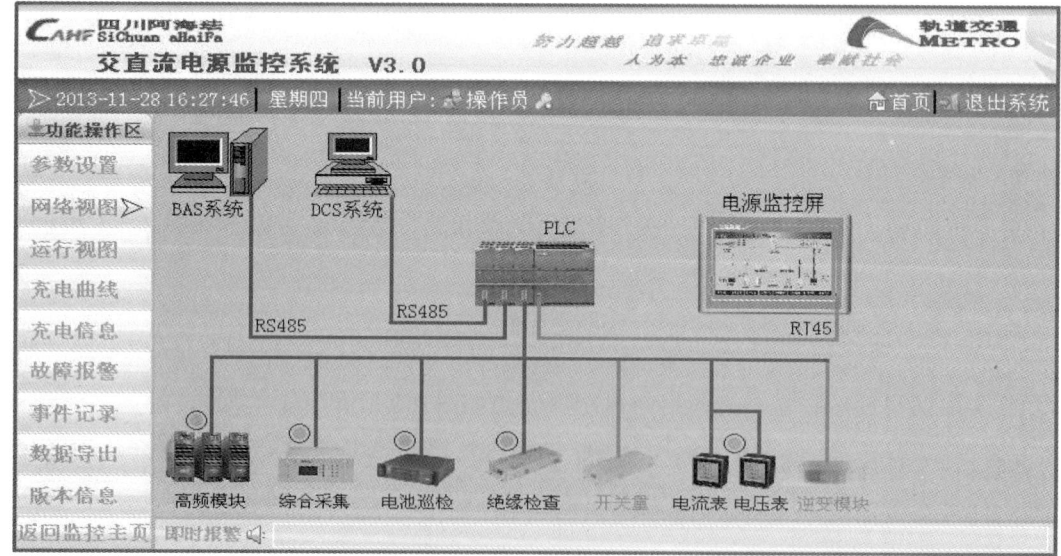

图 2-2-2 网络视图界面

（2）按 运行视图 按钮，进入运行界面，如图 2-2-3 所示。

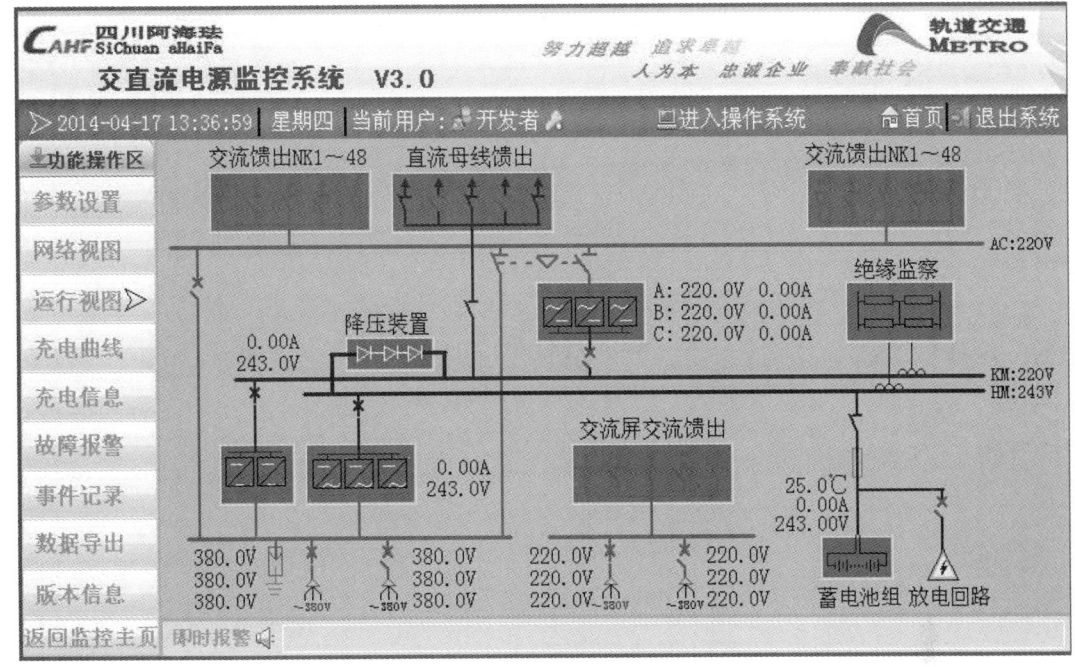

图 2-2-3　运行界面

运行视图界面显示系统运行状态。按各设备图标符号，可以查看相应设备的详细参数。按 按钮，显示交流屏，如图 2-2-4 所示。

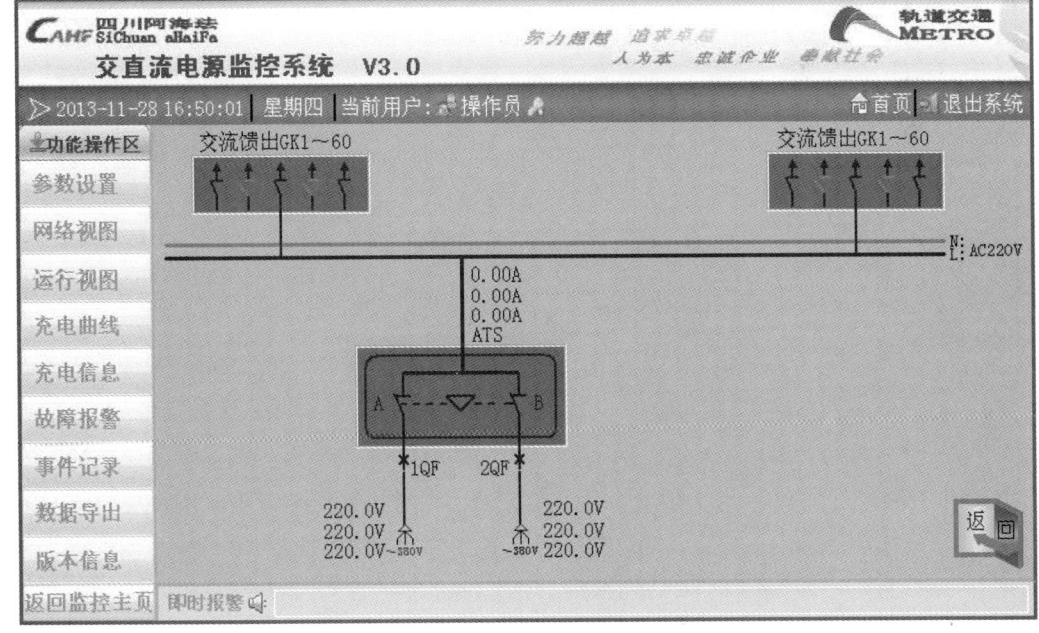

图 2-2-4　交流屏画面

按 [图标] 按钮，显示高频模块画面，如图 2-2-5 所示。

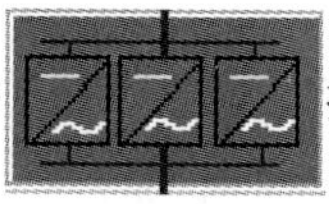

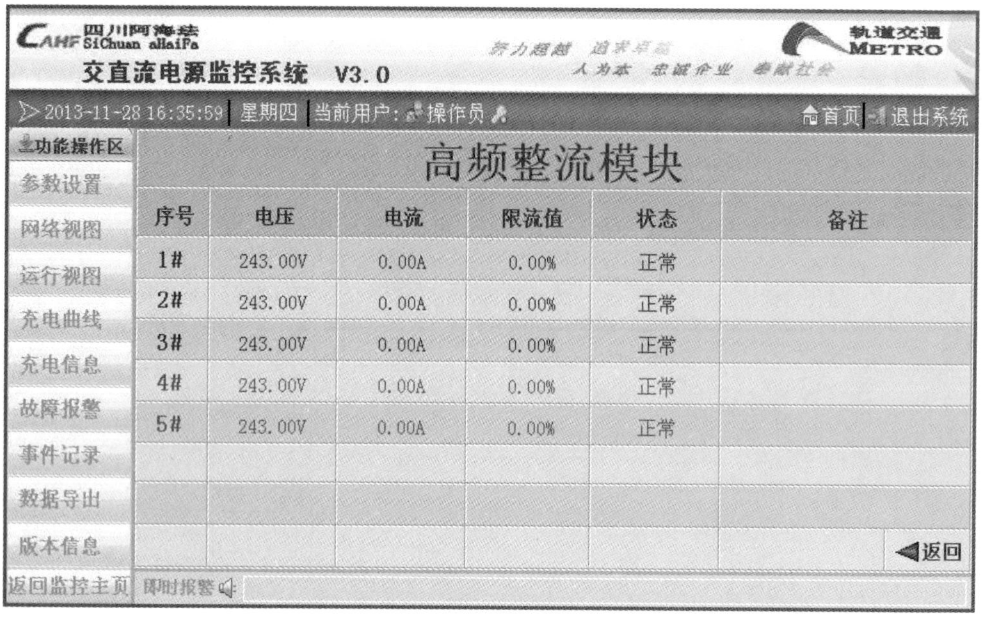

图 2-2-5　高频模块画面

按 [图标] 按钮，显示蓄电池电压信息画面，如图 2-2-6 所示。

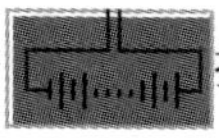

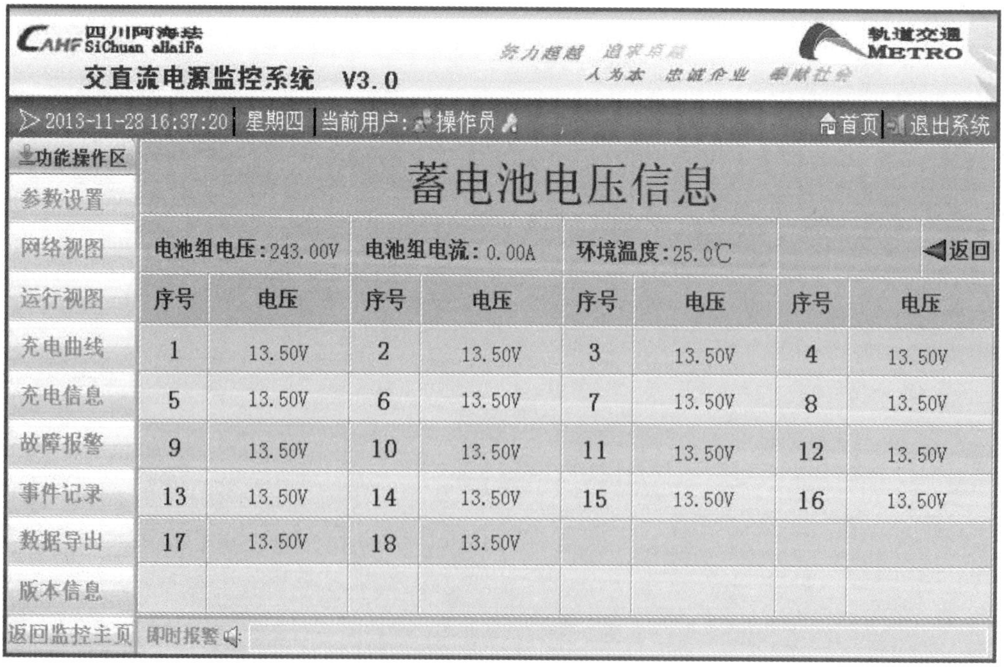

图 2-2-6　蓄电池电压信息画面

按 ![btn] 按钮,显示馈出开关状态,如图2-2-7所示。

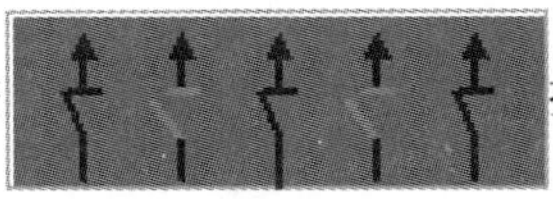

图 2-2-7 馈出开关状态画面

按 ![btn] 按钮,显示Ⅰ段母线及支路绝缘状态,如图2-2-8所示。

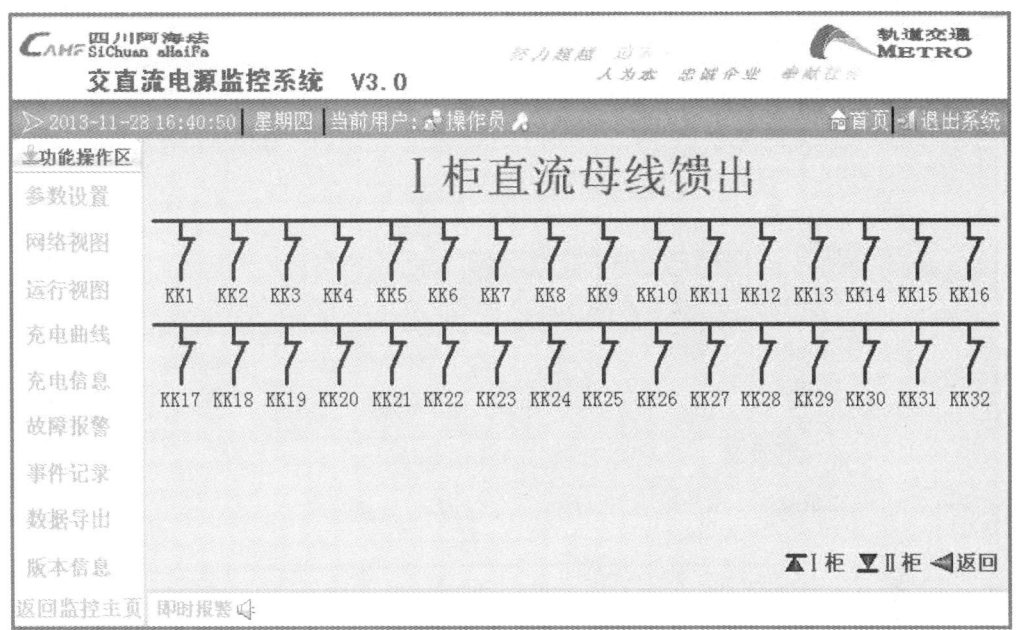

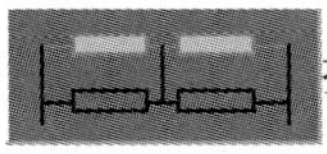

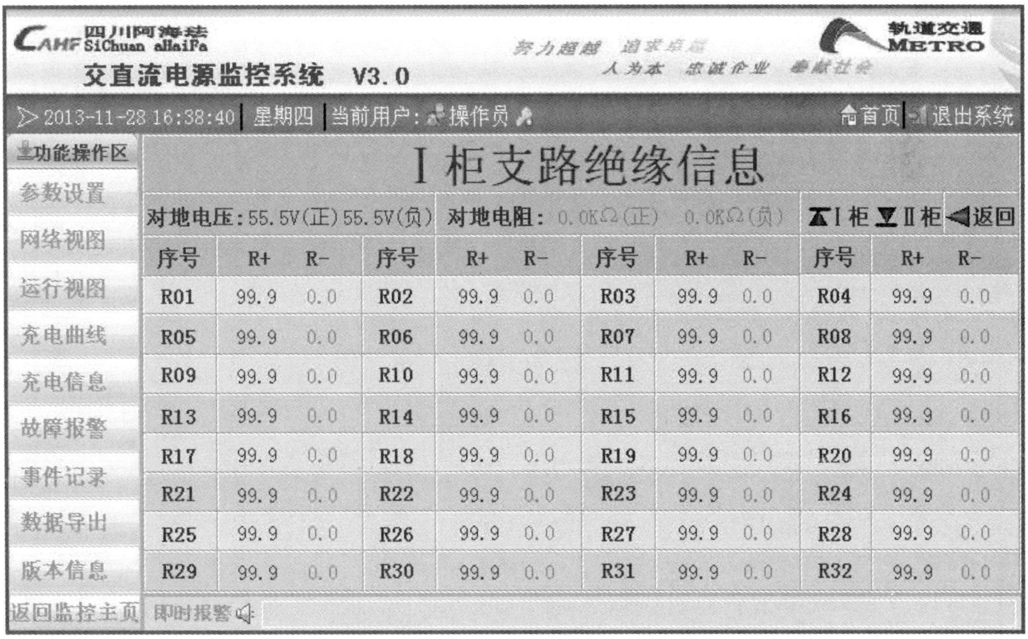

图 2-2-8 母线及支路绝缘状态画面

（3）按 充电曲线 按钮，进入充电曲线界面，如图2-2-9所示。

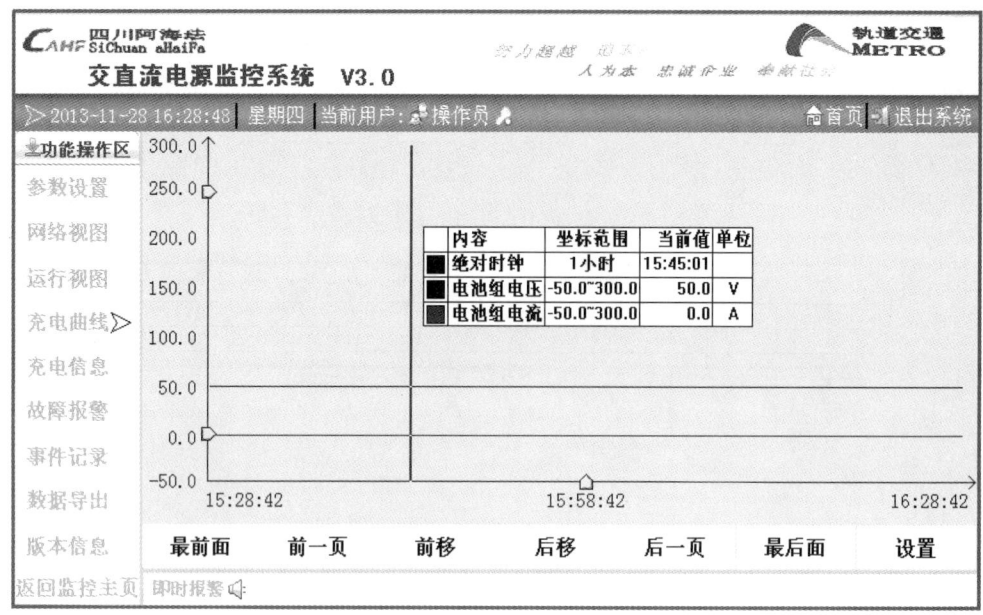

图2-2-9　充电曲线界面

充电曲线界面显示电池在一定时间段的电流电压曲线变化。点击曲线位置，可以查看该时刻的电池电压及电池电流。

（4）按 充电信息 按钮，进入蓄电池充电信息界面，如图2-2-10所示。

蓄电池充电信息界面显示当前充放电状态及当前状态运行时间。

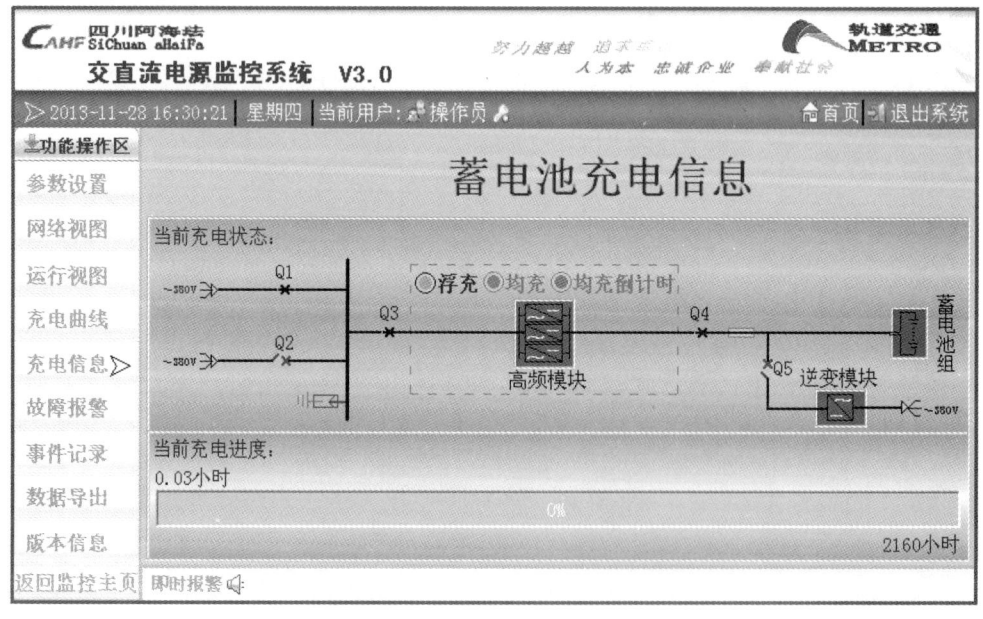

图2-2-10　蓄电池充电信息界面

（5）按 故障报警 按钮，进入故障显示界面，如图 2-2-11 所示。

当前故障：记录当前发生的故障和故障发生的时间。

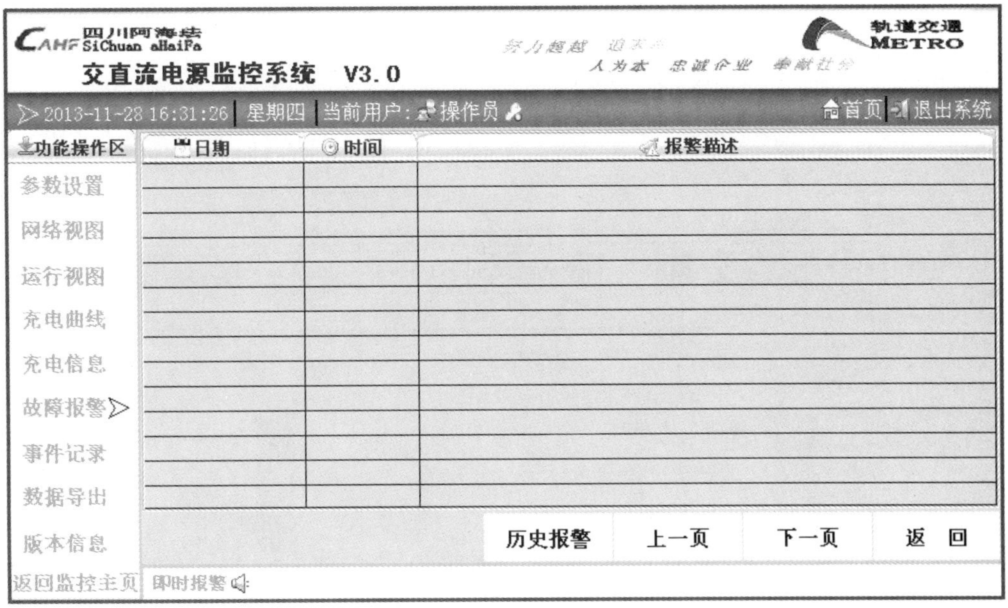

图 2-2-11　故障显示界面

（6）按 事件记录 按钮，进入事件记录界面，如图 2-2-12 所示。

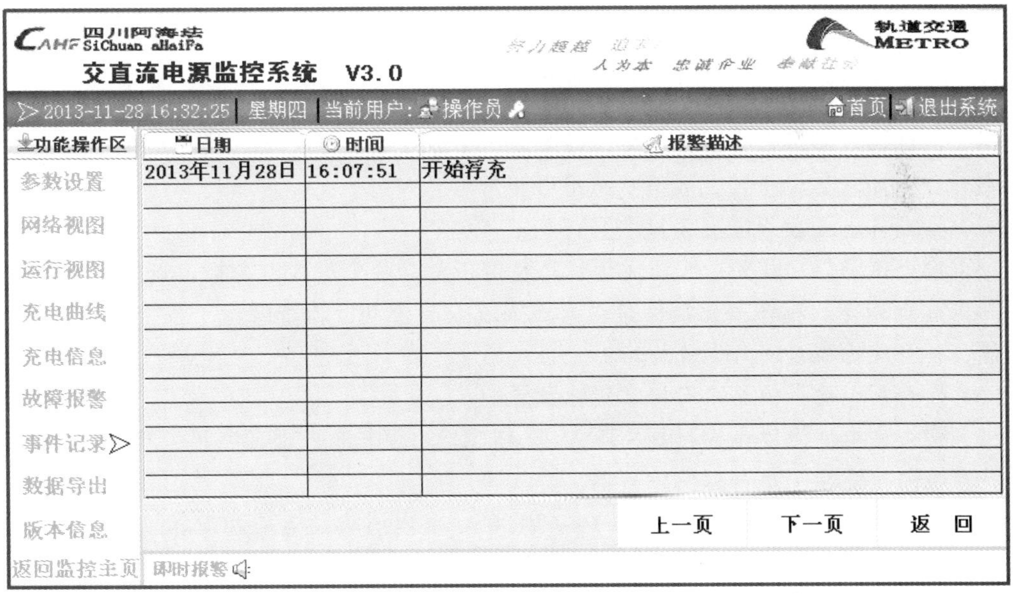

图 2-2-12　事件记录界面

事件记录功能（SOE 功能）是按照时间顺序将系统发生的事件记录下来，供专业人员参考。

（7）按 数据导出 按钮，进入数据导出界面，如图 2-2-13 所示。

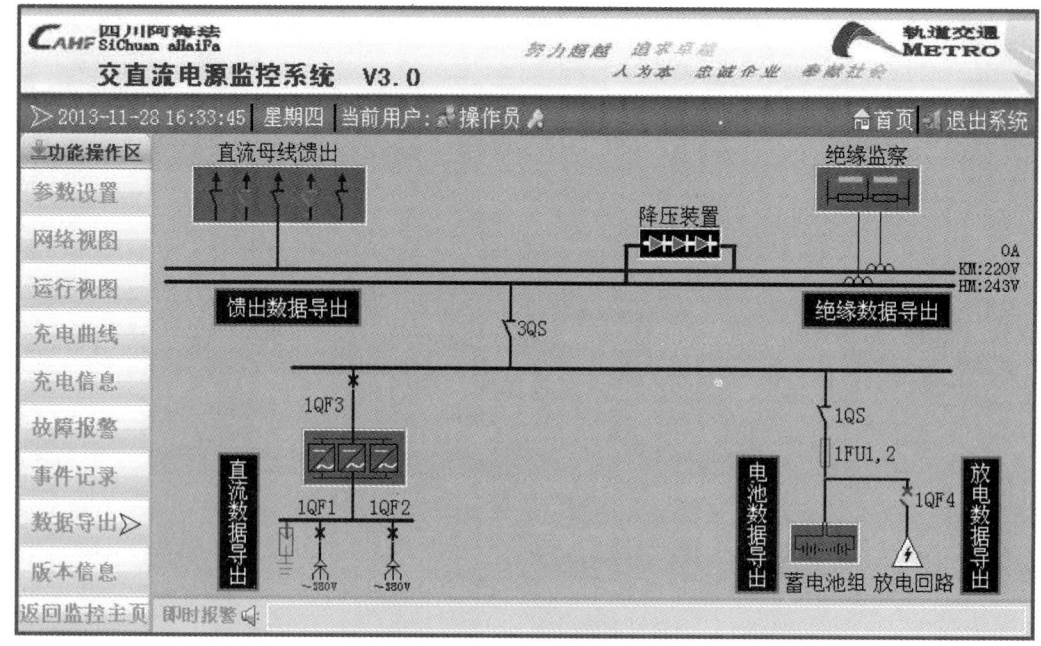

图 2-2-13　数据导出界面

数据导出界面用于导出直流数据、电池数据、绝缘数据、馈出数据、综合数据和放电数据。在数据导出前，需先将 U 盘插入，然后点击相应数据按钮，出现 USB 导出 按钮，就可将所有数据导入到 U 盘中。

（二）设备日常维护作业内容及标准

（1）检查触摸屏是否有报警信息，各个模块单元是否正常，运行状况是否与现场一致，各回路分合闸显示是否正常、通信状态是否正常。

（2）检查各电压表、电流表显示是否正常。

（3）检查指示灯、开关、按钮运行状态是否正常，两个进线电源指示灯之一是否点亮。

（4）检查箱体、箱体上元器件是否有破损或安装松动；检查螺丝、各接线端子接线是否紧固，各开关标识是否齐全完好。

（5）检查蓄电池柜内是否有异常气味和异响。

（6）检查蓄电池温度是否过高（不大于 45 ℃），蓄电池是否有渗液、外壳变形、开裂现象，蓄电池接线端子是否有白色盐霜。

（7）检查蓄电池室温度是否过高（10~30 ℃），室内消防设施是否齐全，室内是否清洁，照明灯具是否正常。

（8）检查柜内是否清洁有无积尘。

检查标准如表 2-2-1 所示。

表 2-2-1 日常维护作业内容及检查标准

序号	检查检修项目	检查检修标准
1	检查 PLC 各参数是否正常、各回路分合闸显示是否正常、通信状态是否正常	通信无故障
2	各电压表、电流表显示是否正常	浮充时：浮充电流≤250 mA，238 V≤浮充电压≤243 V。 均充时：均充电流≤10 A，248 V≤浮充电压≤253 V
3	检查指示灯、开关、按钮运行状态是否正常，开关保护功能是否正常；两个回路进线电源指示灯之一是否点亮	指示灯、开关、按钮显示与设备运行一致，开关模拟跳闸及手动分合闸，分断功能正常
4	检查箱体、箱体上元器件是否有破损或安装松动，检查螺丝、各接线端子接线是否紧固，各开关标识是否齐全完好	箱体、箱体上元器件完整、牢固、螺丝、各接线端子接线紧固，开关标识完好
5	检查蓄电池柜内是否有异常气味和异响	蓄电池柜内无异响、异味
6	交流双电源切换，逆变供电投入测试，消防强启测试，蓄电池组充放电测试	双电源切换可实现自投自复。切断市电以切换到蓄电池组对负载进行供电。在放电和充电过程中，用内阻测试仪测试蓄电池的内阻及电压，检查是否存在工作不良的蓄电池。充放电测试完成后，闭合市电电源，恢复正常供电。市电电源与蓄电池组相互切换成功。(测试时间 90 min，出现异常应立即将蓄电池组退出系统)各蓄电池电压及内阻满足技术标准即为正常
7	检查蓄电池温度是否过高（不大于 45 ℃），蓄电池是否有渗液、外壳变形、开裂现象，蓄电池接线端子是否有白色盐霜	蓄电池温度不高于 45 ℃，更换变形、渗液、开裂的蓄电池
8	检查 PLC 人机界面故障报警一栏有无故障报警，检查各个模块单元是否正常	无报警信息
9	检查蓄电池室温度是否过高（10~30 ℃），室内消防设施是否齐全，室内是否清洁，照明灯具是否正常	室内温度控制在 10~30 ℃，有灭火器、室内照明完好，室内卫生清洁
10	检查柜内是否清洁、有无积尘	柜内清洁无积尘
11	更换设备零部件或组件(包括接口设备的修复及更换)	

六、实训验收

表 2-2-2 EPS 应急照明电源柜实训记录

实训人员：2 人/组

班级：_____ 姓名：_____ 学号：_____ 日期：_____

班级：_____ 姓名：_____ 学号：_____ 日期：_____

项目及配分		考核内容及评分标准	分值	扣分因素及扣分	得分
1	修前状态检查（30 分）	检查指示灯、转换开关、空气开关运行状态是否正常。每漏一项扣 5 分	5		
2		检查 PLC 显示界面、通信是否正常、是否有报警信息。每漏一项扣 5 分	5		
3		检查 PLC 系统运行参数是否正常（浮充电压、浮充电流、电池巡检参数等）。每漏一项扣 5 分	5		
4		检查 PLC 显示界面上馈线开关状态与实际是否一致。每漏一项扣 5 分	5		
5		检查逆变模块、充电模块等设备工作是否正常。每漏一项扣 5 分	5		
6		检查蓄电池室温度是否过高（20~30 ℃），蓄电池温度是否过高（不大于 45 ℃）。每漏一项扣 5 分	5		
7	检修内容（30 分）	一次、二次回路接线端子紧固。每漏一项扣 5 分	5		
8		一次电缆、二次线路整理、绑扎。每漏一项扣 5 分	5		
9		柜体表面及柜内灰尘清扫。每漏一项扣 5 分	4		
10		双电源切换功能试验。每漏一项扣 5 分	5		
11		蓄电池充放电试验、蓄电池活化试验是否有异常情况。每漏一项扣 5 分	3		
12		FAS 联动功能测试。每漏一项扣 5 分	3		
13		逆变器投用功能测试。每漏一项扣 5 分	5		
14	检查内容（30 分）	检查蓄电池柜内是否有异味异响，蓄电池是否有渗液、外壳变形现象，蓄电池接线端子是否有白色盐霜。每漏一项扣 5 分	5		
15		检查元器件、触点、接线端子是否有变色过热痕迹。每漏一项扣 5 分	5		
16		检查指示灯、开关、按钮等元器件标识是否齐全完好。每漏一项扣 5 分	5		
17		检查二次导线标识、出线电缆标牌是否完好。每漏一项扣 5 分	5		

续表

项目及配分		考核内容及评分标准	分值	扣分因素及扣分	得分
18	检查内容（30分）	检查柜体是否破损脱漆，柜门和门锁开启是否灵活，馈线操作手柄是否能正常操作。每漏一项扣5分	5		
19		检查柜内进出线空洞封堵是否完好、柜门接地是否完好。每漏一项扣5分	5		
20	修后状态恢复检查（10分）	检查柜面状态显示、转换开关位置是否与修前状态一致。每漏一项扣5分	5		
21		检查应急电源装置运行是否正常，系统通信是否正常。每漏一项扣5分	5		
22		合计（满分100分）	100		

思考题

1. 简述应急照明的供电范围。
2. 应急照明时，蓄电池提供的电能最多能持续多长时间？

实训三　通风空调设备运行、日常维护及常用电源失电故障判断

一、实训目的

（1）掌握设备功能操作。
（2）了解日常维护作业内容及标准。
（3）熟悉常用电源失电故障处理判断及处理方法，考察学员检修项目及作业仔细程度。

二、实训原理

通风空调设备的作用是为地铁车站公共区域提供良好的空气及温度，使乘客及工作人员有良好的乘车和工作环境。

三、实训设备

通风空调设备，含控制柜 A、双电源柜、出线柜。

四、实训准备

（一）实训人员要求

（1）实训人员的身体状况、精神状态良好。
（2）实训人员必须具备必要的供电系统相关基础知识。
（3）实训人员必须具备使用供电专业常用工器具的相关基础知识。

（二）安全要求

（1）实训人员按照实训室要求穿戴安全帽、工作服、护趾鞋等劳动保护用品。
（2）实训前必须开启实训室照明设备，保障实训时有足够照明。
（3）实训时不允许穿凉鞋、拖鞋、裙子、短裤，长发按要求束发。
（4）实训人员必须待在安全区，未经现场实训指导教师同意不得进入设备区触摸或操作任何设备。

(5)实训期间,必须 2 人以上组成实训小组后方能进行操作。

(三)工器具

棉纱手套、纸、笔、手电筒。

(四)实训时长及人数

(1)实训时长:2 课时。
(2)实训容纳人数:10 人/次。

五、实训内容

(一)设备上电及功能操作

(1)确认设备已上电。
(2)点击如图 2-3-1 所示界面,登录系统。
登录名:oper1,登录密码:123456。退出时点击注销界面即可。

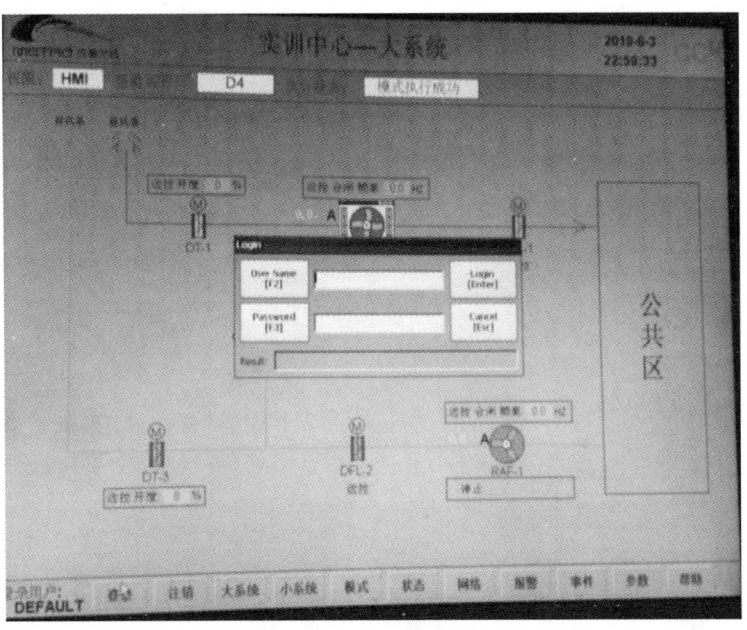

图 2-3-1 登录界面

(3)查看大系统(图 2-3-2)/小系统(图 2-3-3)界面及工作范围。

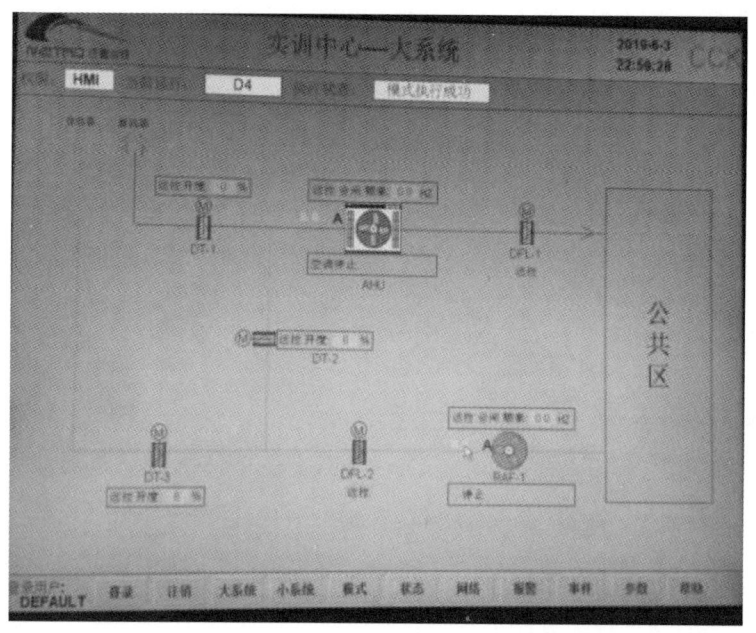

图 2-3-2 大系统

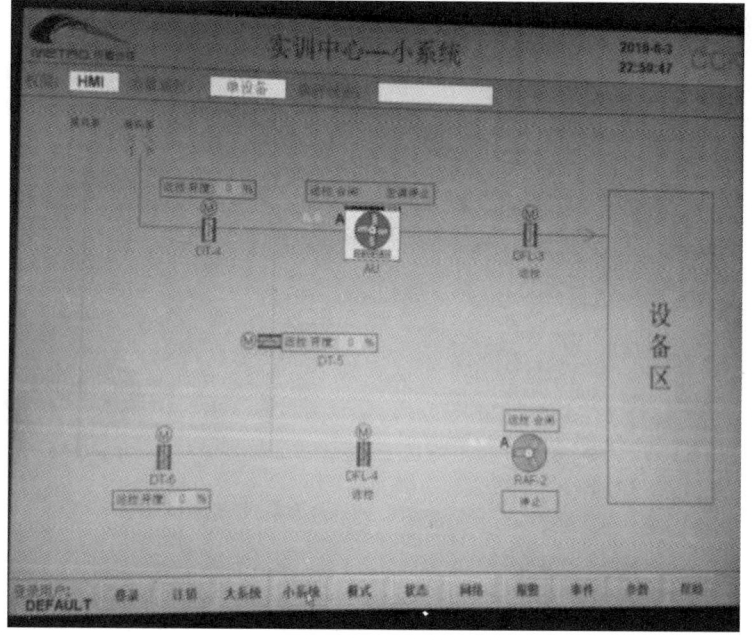

图 2-3-3 小系统

（4）选择执行模式，如图 2-3-4 所示。

（5）选择界面中左侧竖栏中 D1～D4 后点击右上角"执行"按键，等待设备启动（30 s）即可。可点击状态栏查看是否执行成功，如图 2-3-5 所示。结束时点击"退出"按键即可。

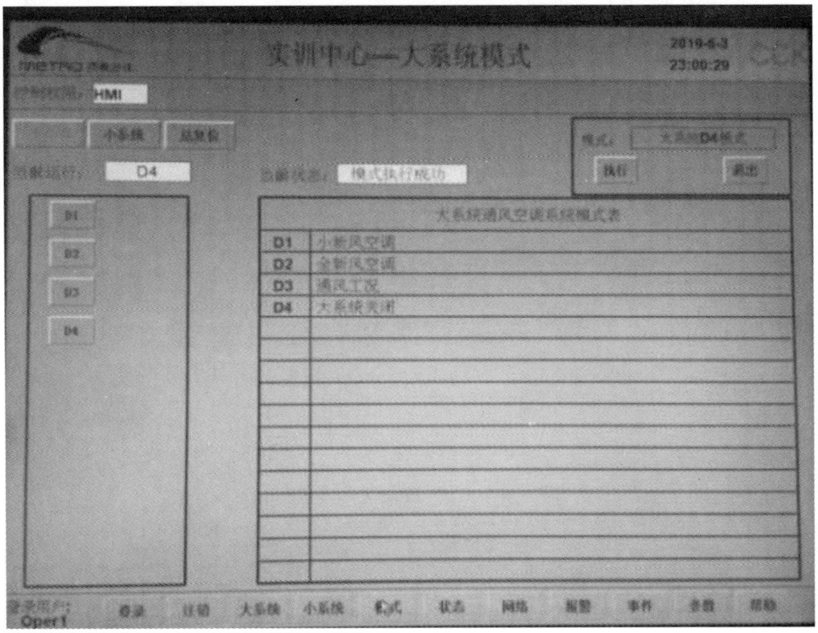

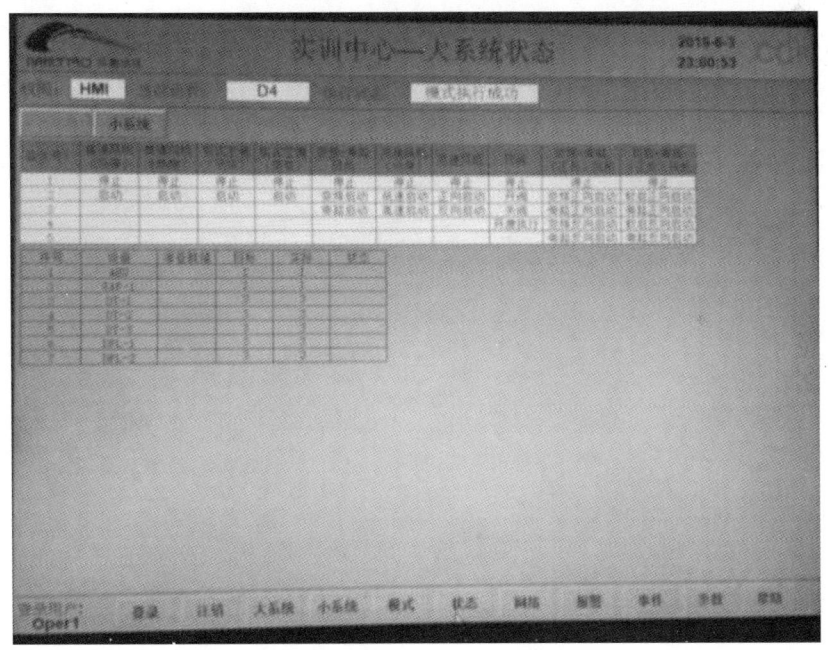

图 2-3-4　选择执行模式

图 2-3-5　查看是否执行成功

（6）模式参数设定：点击"参数"，进入"参数"设置界面（见图 2-3-6），即可设置对应系统参数。

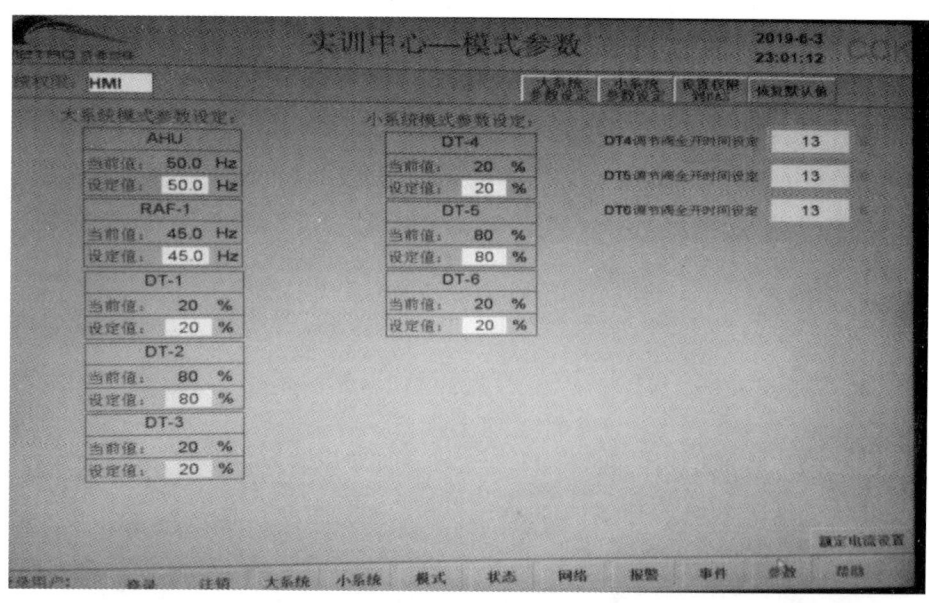

图 2-3-6 "参数"置

（7）点击"帮助"按钮，进入图 2-3-7 所示界面，了解系统按钮开关功能定义。

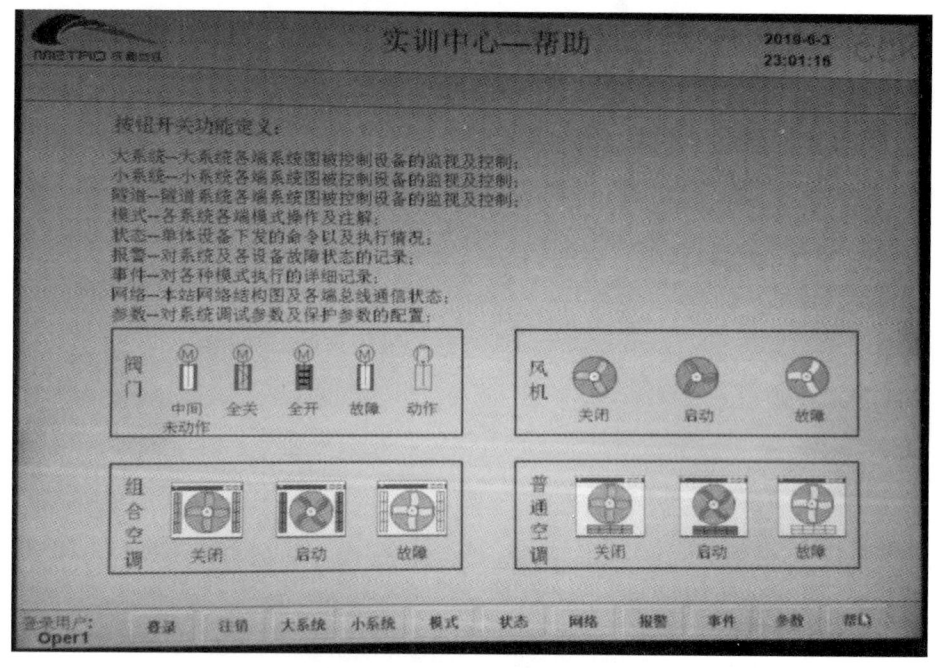

图 2-3-7 系统按钮界面显示

（二）日常维护作业内容及标准

口诀："看状态""听异响""闻异味"。

（1）施工负责人按公司有关规定办理好施工作业令，并带齐相关手续提前半小时到车站车控室请点。

（2）施工负责人对作业人员进行明确分工，并在开工前检查确认所有工作人员正确使用劳保用品。

（3）施工负责人对作业人员进行专项安全技术交底，并逐条落实安全注意事项。

（4）施工负责人要严密把控好检修进度，将检修时间控制在计划时间以内。

（5）组合式空调器、柜式（吊式）空调器、风机等需断电检修的设备，需向电调申请关停设备对应的大系统、小系统、隧道通风系统。

（6）经电调同意，由车控室值班站长在综合监控上关停通风系统，或在环控电控柜上关停系统后，方可在环控电控柜上将对应设备转换开关置为就地，断开相应设备的电源开关。

（7）作业人员对各设备进线和环控柜相应电源开关馈线进行验电，施工负责人对验电结果进行复核。

（8）确认设备无电后，在环控柜相应电源开关做好安全警示标识，才能进行操作。

（三）设备故障及处理方法

常用电源失电故障判断及处理步骤如下。

（1）判断故障现象：

① 开关处于"OFF"位，如图2-3-8左上角所示。

② D型智能控制器Ⅰ路"电源指示灯（Source）"熄灭。

③ 液晶显示屏电源Ⅰ无数字显示。

④ 柜面其他开关指示灯处于"绿色"分闸位（远方控制）。

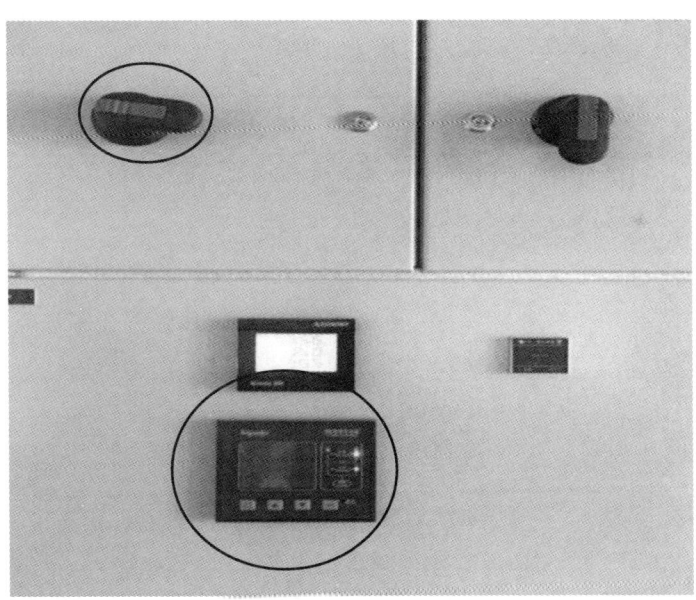

图2-3-8　故障现象

（2）故障原因：开关处于"OFF"位导致失电。

（3）故障恢复：旋转刀闸至"ON"位，如图2-3-9左上角所示。

图 2-3-9　正常状态

六、实训验收

表 2-3-1　通风空调设备风机实训记录

实训人员：2 人/组

班级：_____　姓名：_____　学号：_____　日期：_____

班级：_____　姓名：_____　学号：_____　日期：_____

	项目及配分	考核内容	评分标准	分值	扣分因素及扣分	得分
1	风机运行情况检查（运行电流、振动与噪声）及风机对地绝缘（25分）	检测风机电流，校对额定电流	运行电流稳定，三相平衡。	5		
2		用兆欧表对风机绕组进行绝缘检测，检查后需进行放电	电动机绝缘电阻（包括相间与对地）≥100 MΩ。绝缘电阻＜2 MΩ，需要浸绝缘漆重新烘干	10		
3		风机运行后，检查振动与噪声，判断轴承、叶轮、支架等故障	风机运行平稳，无剧烈振动和异响	5		
4		打开风机接线盒，对所有接线端子进行紧固	接线端子紧固无松动	5		
5	风口软接检查（5分）	检查软接是否破损、漏风、螺钉松动	软接无破损、老化、裂开、螺钉松动及漏风等现象	5		
6	检查设备及周围环境，并视情况进行清洁（15分）	用毛刷、纱布对风机电动机、叶轮及机壳等部件表面进行清洁	风机电动机、叶轮及机壳等部件表面无污垢、油渍	5		

续表

项目及配分		考核内容	评分标准	分值	扣分因素及扣分	得分
7	检查设备及周围环境，并视情况进行清洁（15分）	清理风叶上的积尘，打开检修口或拆下部分软接，用吸尘器吸尘	保证风叶角度线上的清洁度，角度线清晰	5		
8	检查紧固螺栓或吊杆螺栓（5分）	对出现偏差和松动的螺栓和吊杆螺栓进行紧固，并用除锈剂除锈，涂润滑脂防锈	螺栓无松动、锈蚀	5		
9		视检风机外壳有无变形、破损，影响机组运行等情况	风机外壳无破损、变形	5		
10	检查风机外壳及叶轮是否变形破损（10分）	视检叶轮有无变形、扭曲、破损。可用一物固定在外壳边缘作为参照，慢慢旋转叶轮，看看每个叶片与对照物的距离是否一致	叶轮牢固，无破损、变形，各扇叶安装角度一致。叶轮转动灵活，与风机外壳的间隙均匀且符合产品要求	10		
11	检查及更换减振器（10分）	检查减振器是否断裂、变形，锈蚀严重则更换，有轻微锈蚀的除锈补刷防锈漆	减振器等无变形、松动及锈蚀，缓冲正常	10		
12	检查风机轴承的润滑与磨损情况（15分）	风机带含油轴承的可通过观察运行电流有无异常、运行时是否产生异响来判断。停机后转动叶轮，感觉轴承及轴承与端盖间的间隙，如间隙过大及有异响，则需更换轴承	轴承润滑良好，无明显滚珠磨损及松动	5		
			轴与轴承间配合紧密	10		
13	局部除锈、补漆（5分）	对局部油漆脱落、锈蚀进行除锈补漆	保持整机外观良好，无锈蚀	5		
14	就地开关箱（10分）	紧固断路器进出电缆端子，检查开关完好情况	电缆接线牢固无松动，开关无损坏、动作灵敏	10		
15		合计（满分100分）		100		

思考题

1. 简述大系统供电范围。
2. 思考电源失电的原因。

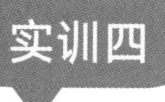

实训四　给排水设备运行、日常维护及 PLC 通信故障处理

一、实训目的

（1）了解叠压供水设备装置及其供水原理。
（2）了解给排水设备日常巡检作业内容。
（3）掌握 PLC 通信故障判断及处理方法。

二、实训原理

给排水系统设备包括潜水排污泵、消防泵组、密闭式污水提升装置以及车辆段/停车场的废水泵、自动搅匀潜污泵、污泥泵以及生活变频给水设备。用电气柜控制设备运行、启动、排查故障。

1. 潜水排污泵

（1）潜水排污泵是潜入液下工作的泵类，且输送液体中可能含有污物、固体颗粒、纤维等杂质。潜水排污泵一般采用立式无堵塞泵。

（2）潜水排污泵的功能：主要排除车站、区间、停车场、车辆段的雨水、结构渗漏水、冲洗/消防废水及生产废水、生活污水等，设于各集水池内。

2. 消防泵组

（1）消防泵组主要是指用于地下站、停车场及车辆段消火栓的给水系统，含主泵、稳压泵、稳压罐及阀门连管配件，这些成套设备构成消防泵组。

（2）消防泵组的主要功能：每站设置消火栓泵组一套，设有两台消防主泵，一用一备，一级负荷，由 FAS 进行监控。一般情况下，消防泵服务本站及相邻一侧的整个区间，当本站发生火灾时，本站消防按钮或消防控制室启动本站消防加压设备，给消防管道增压送水。

3. 密闭式污水提升装置

（1）密闭式污水提升装置由密闭式集水箱、干式安装潜污泵、液位传感器、控制箱、潜水电缆（包含控制箱与水泵、控制箱与液位传感器、电接点压力表之间所有的供电电缆和控制电缆）、止回阀、阀门、手动隔膜泵、紧固件、连接件组成。

（2）密闭式污水提升装置设置于各车站泵房内，卫生间污水经排水管道直接进入密闭式集水箱，当水箱液位达到起泵水位时，潜污泵启动，污水由集水箱经吸水管、阀门、潜水泵、止回阀、阀门、管道后排入市政排水系统；当液位达到停泵水位时，潜污泵停止工作。

三、实训设备

给排水设备。

四、实训准备

（一）实训人员要求

（1）实训人员的身体状况、精神状态良好。
（2）实训人员必须具备必要的供电系统相关基础知识。
（3）实训人员必须具备使用供电专业常用工器具的相关基础知识。

（二）安全要求

（1）实训人员按照实训室要求穿戴安全帽、工作服、护趾鞋等劳动保护用品。
（2）实训前必须开启实训室照明设备，保障实训时有足够照明。
（3）实训时不允许穿凉鞋、拖鞋、裙子、短裤，长发按要求束发。
（4）实训人员必须待在安全区，未经现场实训指导教师同意不得进入设备区触摸或操作任何设备。
（5）实训期间，必须2人以上组成实训小组后方能进行操作。

（三）工器具

棉纱手套、万用表、雨靴、纸、笔、手电筒。

（四）实训时长及人数

（1）实训时长：2课时。
（2）实训容纳人数：10人/次。

五、实训内容

（一）设备上电及功能操作

1. 给水设备上电操作

（1）打开2组水泵阀门，如图2-4-1所示，其中阀门水平为"开"，垂向为"关"。

图 2-4-1 水泵阀门

（2）确认阀门已打开后，用专用钥匙打开电源控制柜面板，可见电源控制柜内部如图 2-4-2 所示；合"1QF""2QF""3QF"，如图 2-4-3 所示。设备上电成功后如图 2-4-4 所示。

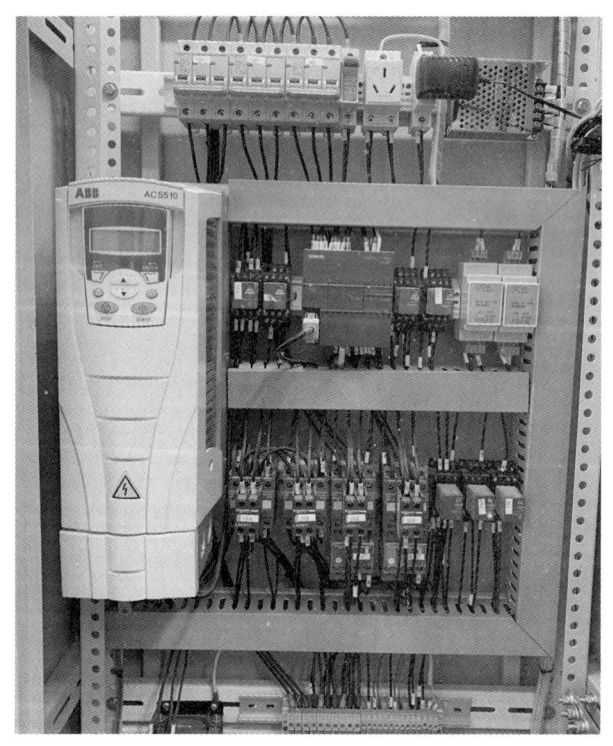

图 2-4-2 电源控制柜内部（1）

图 2-4-3　电源控制柜内部（2）

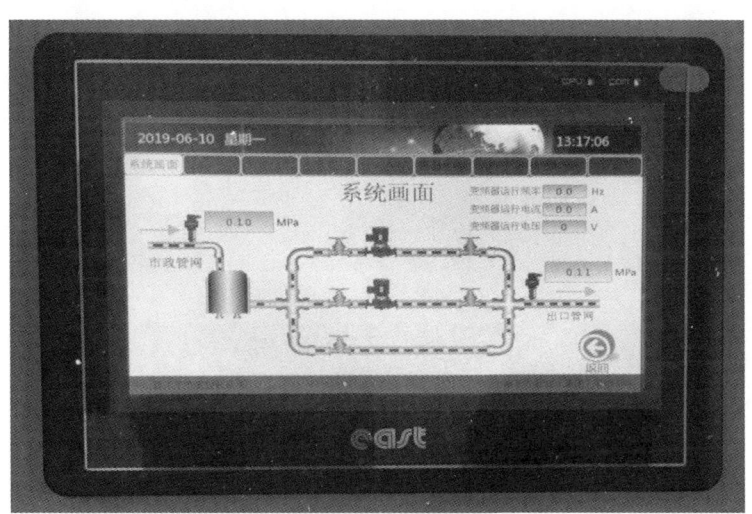

图 2-4-4　设备上电成功示意

（3）给水设备电气控制系统界面信息查阅，如图 2-4-5 所示。

(a)

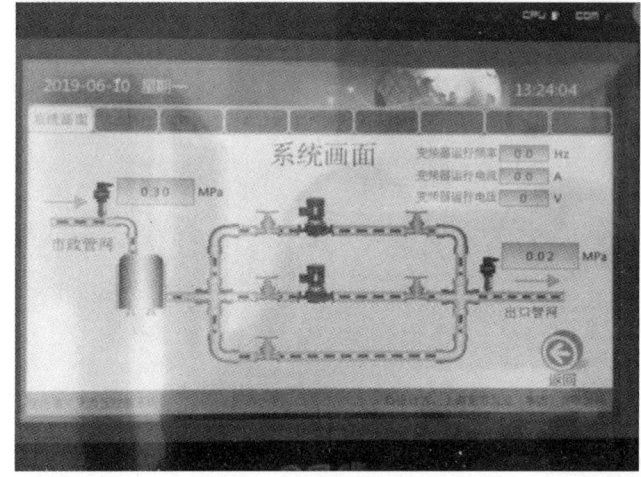

(b)

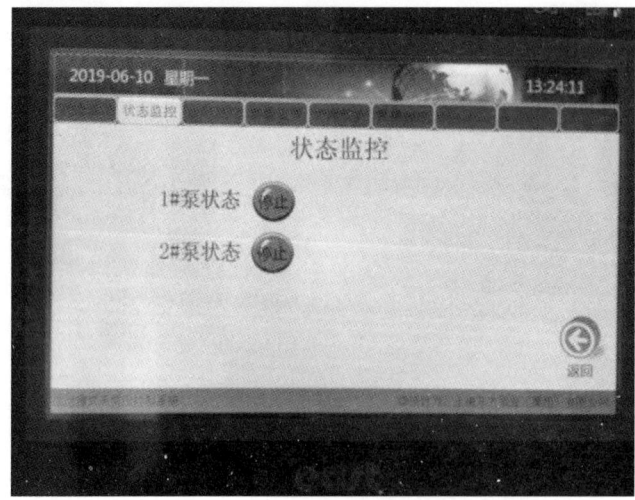

(c)

实训四 给排水设备运行、日常维护及PLC通信故障处理

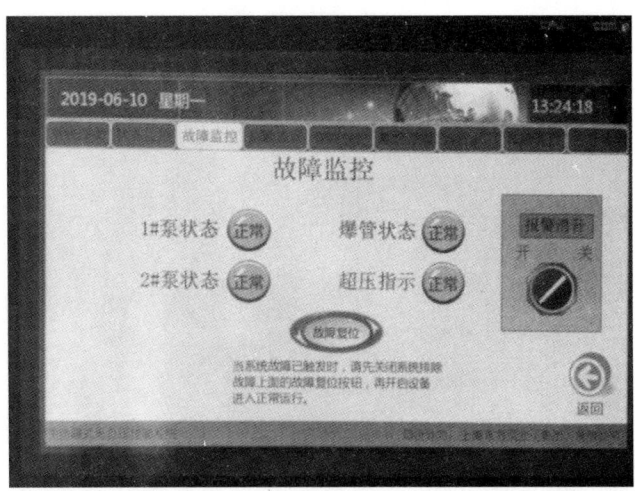

(d)

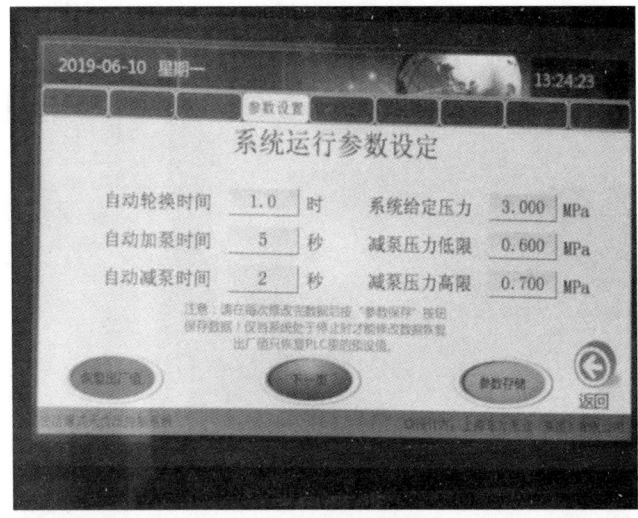

(e)

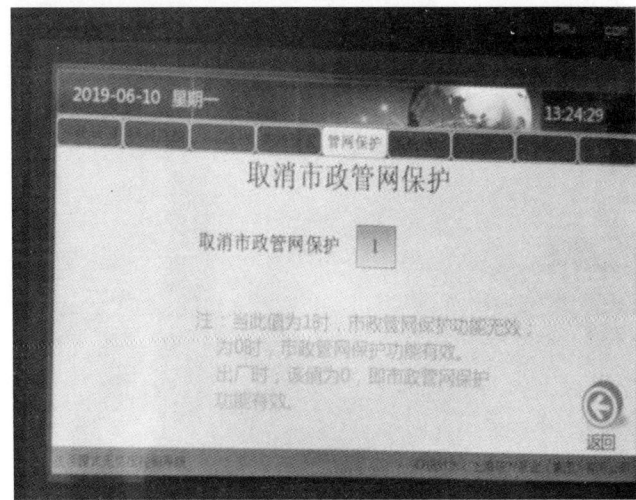

(f)

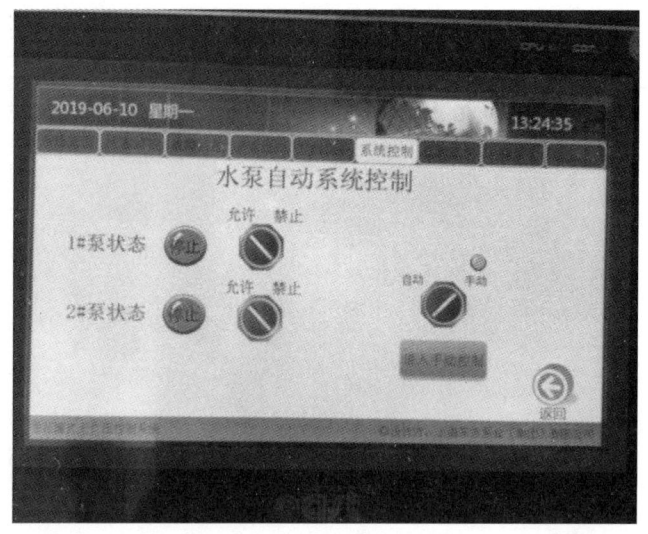

(g)

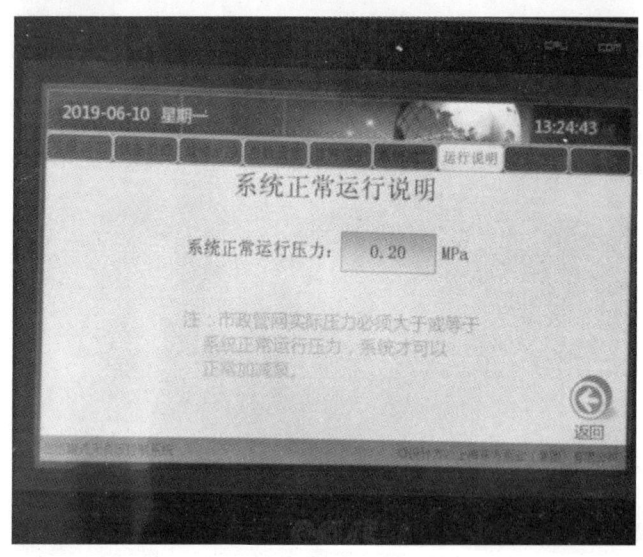

(h)

图 2-4-5　给水设备电气控制系统界面信息查阅

2. 排水设备上电操作

（1）用专用钥匙打开电源控制柜面板，如图 2-4-6 所示；合"1QF""2QF"，如图 2-4-7 所示。设备上电成功后如图 2-4-8 所示。

实训四 给排水设备运行、日常维护及PLC通信故障处理

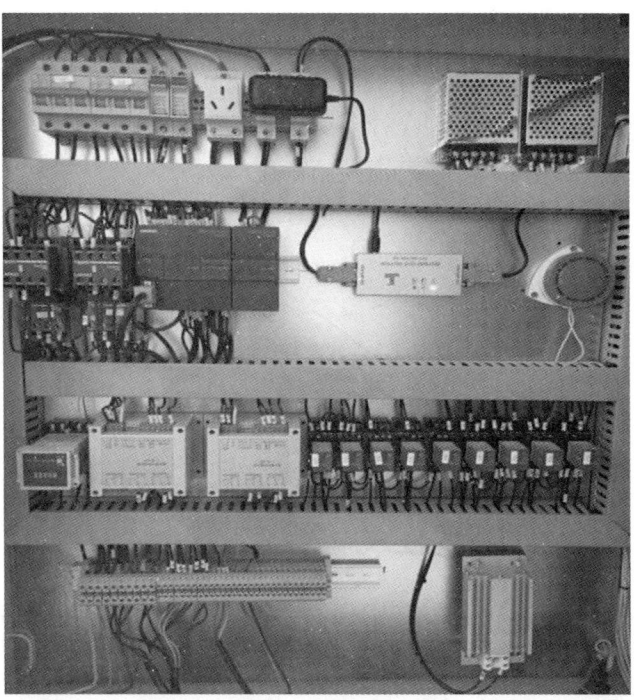

图 2-4-6 电源控制柜面板（1）

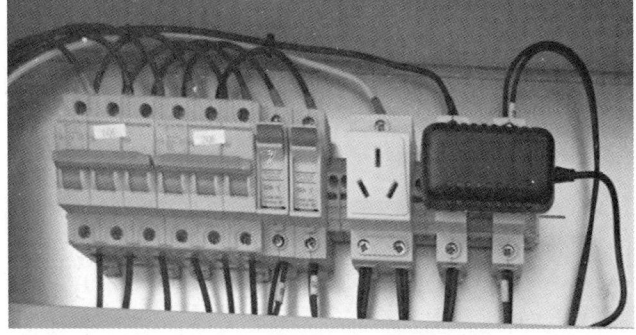

图 2-4-7 电源控制柜面板（2）

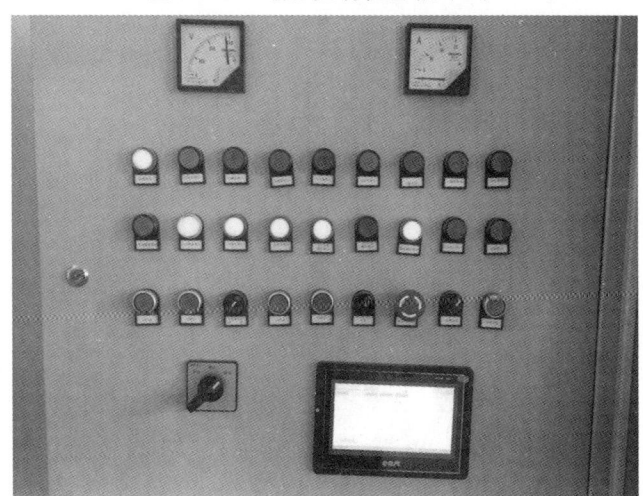

图 2-4-8 设备上电成功示意

·97·

（2）排水设备电气控制系统界面信息查阅，如图2-4-9所示。

（a）

（b）

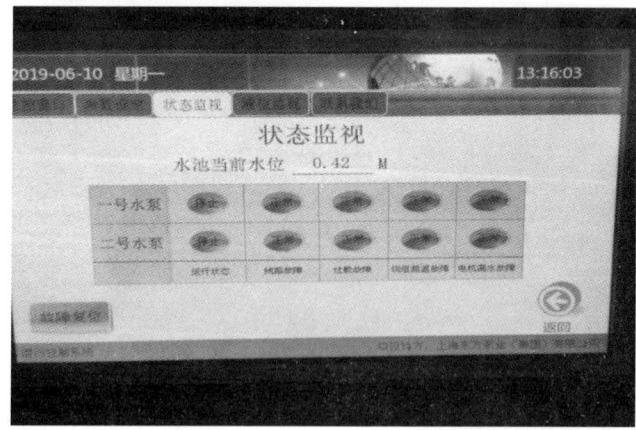

（c）

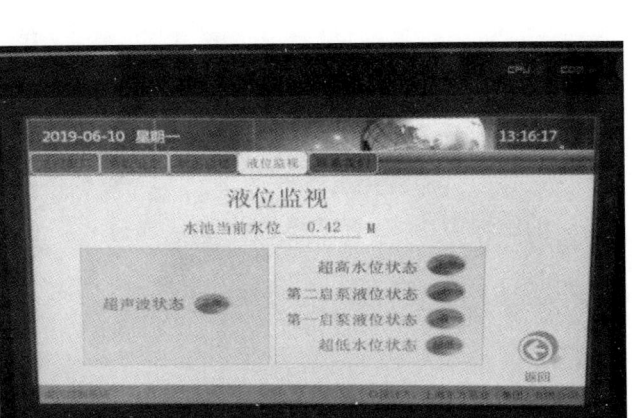

（d）

图 2-4-9　排水设备电气控制系统界面信息查阅

（二）日常维护作业内容及标准

潜水泵检修作业内容如下：

（1）紧固水泵控制柜一次回路（见图 2-4-10）和二次回路（见图 2-4-11）的接线。

（2）打扫控制柜内卫生、整理控制柜内线路；设备断电状态下，使用毛刷进行接线端子清扫工作。

（3）查看控制柜内 PLC 的显示状态。图 2-4-12 为水泵通过超声波控制的控制柜内 PLC 正常显示状态，图 2-4-13 为水泵通过浮球控制的控制柜内 PLC 正常显示状态（指示灯显示为绿色即正常）。

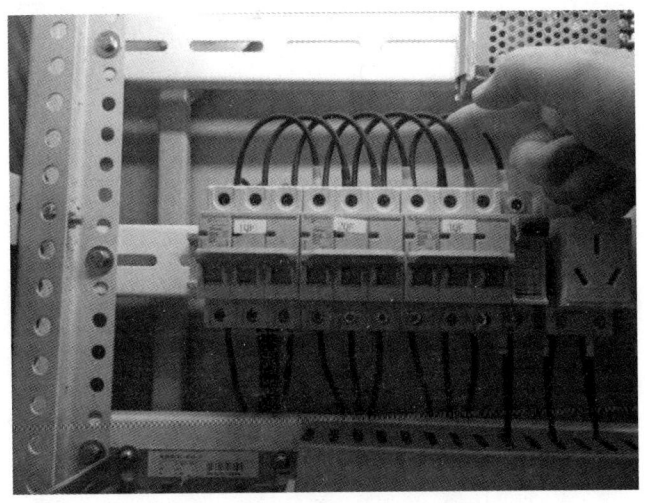

图 2-4-10　水泵控制柜一次回路

图 2-4-11　水泵控制柜二次回路

图 2-4-12　超声波控制正常显示

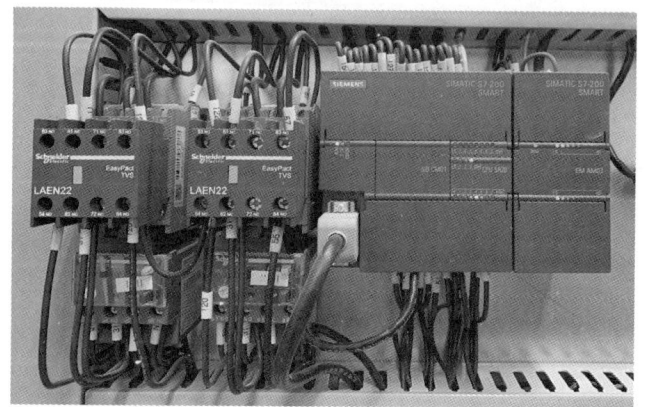

图 2-4-13　浮球控制正常显示

（4）更换老化损坏的元器件以及线缆，如图2-4-14所示。

图2-4-14　元器件以及线缆示意

（5）对水泵叶轮或止回阀进行检查和清理，如图2-4-15和图2-4-16所示。

图2-4-15　水泵叶轮检查

图 2-4-16 止回阀检查

（6）检查水泵与泵座的耦合效果，结合面不漏水为合格，如图 2-4-17 所示。

图 2-4-17 检查水泵与泵座的耦合效果

（7）紧固起吊装置，对锈蚀的相关配件进行除锈或更换。
（8）检查阀门处于正常位置，冲洗管阀门"关"、主管阀门"开"，开、关阀灵活。

（三）设备故障及处理方法

PLC通信故障判断及处理步骤如下：

（1）故障现象：控制柜面板无电，电压表有度数，如图2-4-18所示。

图 2-4-18　控制柜面板

（2）检查及处理：通过检查控制柜内各接线及空气开关状态（见图2-4-19），发现保险开关内无保险电阻，造成电气柜无电。

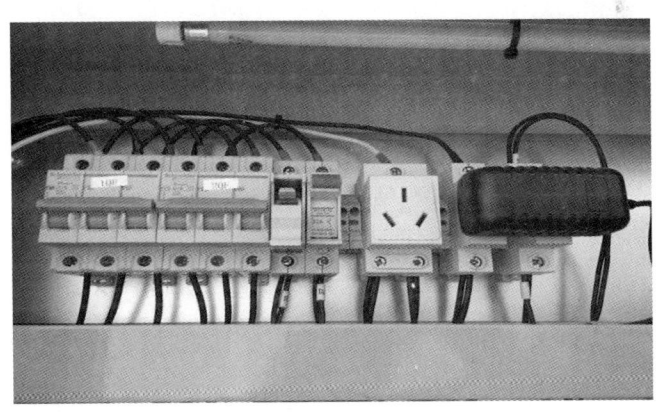

图 2-4-19　控制柜内各接线及空气开关

六、实训验收

表 2-4-1　给排水设备实训记录

实训人员：2 人/组

班级：_____　姓名：_____　学号：_____　日期：_____

班级：_____　姓名：_____　学号：_____　日期：_____

项目及配分		考核内容	评分标准	分值	扣分因素及扣分	得分
1	雨、废水潜污泵（60分）	检查潜污泵电控箱电源	电源指示灯亮	5		
2		检查控制箱的箱体	无变形，箱门完好并关好	5		
3		检查手动/自动开关	在自动挡位置	5		
4		目测：检查集水坑垃圾、水位是否与水泵运行工况和车控室BAS显示屏对应	集水坑无垃圾，与水泵工况对应	5		
5		目测：潜污泵运行状态是否和控制箱的显示一致	水泵运行时，"A"或"B"泵运行指示灯亮	5		
6		闻：检查电控箱内元器件状态	没有烧焦气味及痕迹	5		
7		目测：浮球开关及电缆固定情况	固定牢固	5		
8		测试浮球开关功能，检查水位下降情况	能启、停潜污泵，水位能下降			
		（1）将浮球开关提到集水坑外	/			
		（2）将低水位浮球开关倒转	控制箱上超低水位报警灯亮	5		
		（3）将中水位浮球开关倒转	一台泵运行			
		（4）将高水位浮球开关倒转	两台泵运行			
9		检查运行时潜污泵和管路	无异常声响、管路无漏水	5		
10		检测潜污泵运行时的三相电流值	三相电流差异不大于5%	5		

续表

项目及配分		考核内容	评分标准	分值	扣分因素及扣分	得分
11	室外给排水设施（15分）	测试高水位两台潜污泵同时启动功能	当高水位浮球浮起时，两台泵同时启动	5		
12		阀门处于正常位置，开、关阀灵活	冲洗管阀门"关"、主管阀门"开"，开、关阀灵活	5		
13		记录水表读数，对比上月有无大的变化	和上月对比，用水量基本一致	5		
14		清除给水检查井内积水、杂物	清理干净	5		
15		目测：检查排水，检查井内水流情况	水流通畅	5		
16		目测：检查化粪池水位情况	水位和出流管底相平			
17	管路、阀门（25分）	闸阀、蝶阀阀杆上加黄油	油量适度	5		
18		检查阀门开、关情况	转动灵活，无滑丝、锈死现象	5		
19		检查止回阀阀板密闭性，清理异物	密封面胶圈无损坏、无垃圾堵塞	5		
		打开止回阀侧面的检修盖板	/	5		
		清理止回阀板上的异物	/			
		检查阀板磨损情况	密封面胶圈无损坏	5		
20		合计（满分100分）		100		

思考题

1. 了解给水泵供水楼层范围。
2. 给水泵有几种停机保护模式？报警情况有几种？

参考文献

[1] 周平,金峰. 城市轨道交通概论[M]. 北京:中国铁道出版社,2015.

[2] 朱济龙,唐春林. 城市轨道交通车站机电设备[M]. 北京:机械工业出版社,2015.

[3] 成都地铁运营有限公司. 供电综合工[M]. 成都:西南交通大学出版社,2017.

[4] 李学武. 城市轨道交通供电系统概论[M]. 成都:化学工业出版社,2015.

[5] 赵丽,周佩秋. 城市轨道交通环境控制系统运行与维护[M]. 北京:北京理工大学出版社,2017.

[6] 张杨,李助军. 城市轨道交通车站消防与给排水系统维护[M]. 成都:西南交通大学出版社,2018.

[7] 朱济龙,唐春林. 城市轨道交通车站机电设备[M]. 北京:机械工业出版社,2015.

[8] 仇海兵,汪成林. 城市轨道交通车站设备[M]. 北京:人民交通出版社,2011.